Die Autorin

Ulrike Klemm, Jahrgang 1956, verheiratet und Mutter von zwei Söhnen. Vor ihrer Seminartätigkeit war sie Führungskraft im Sozialbereich. Nach ihrer Ausbildung in verschiedenen Richtungen der humanistischen Psychologie ist sie seit 1987 als Seminarleiterin und Trainerin tätig. Mit ihrem Mann Reimar Klemm arbeitet sie im In- und Ausland in Bereichen der Persönlichkeitsentwicklung, Motivation und Streßbewältigung, in offenen und firmeninternen Seminaren. Eines ihrer intensivsten Trainings ist ihr jahrelang entwickeltes Feuerlauftraining und ihr Halbjahrestraining »Jetzt Ganz«.

Seit 1986 ist Ulrike Klemm in die ersten beiden Reiki-Grade eingestimmt und hat von Anfang an sehr aktiv damit gearbeitet. 1989 wurde sie von Brigitte Ziegler zur Reiki-Meisterin/Lehrerin nach dem traditionellen System von Dr. Mikao Usui eingestimmt und ausgebildet. Seitdem ist sie Reiki-Lehrerin für alle drei Grade und bildet selbst Reiki-Lehrer/innen aus.

Ziel ihrer Arbeit ist, daß Menschen
- ihr wahres Kraftpotential und ihre Größe entdecken und leben;
- ihre Begeisterung, Lebensfreude und Inspiration neu entdecken und leben;
- entdecken, daß sie ein wichtiger Beitrag für die Welt sind;
- lernen, über innere Grenzen zu gehen und mutig zu sein, und dadurch ein zutiefst erfülltes, glückliches und erfolgreiches Leben führen.

Gerne können Sie an die Autorin schreiben. Sie freut sich über Rückmeldungen, Fragen und Anregungen von Ihnen.

Wenn Sie Interesse an ihren Reiki-Seminaren an Motivationstrainings – und Feuerlauf und/oder an dem Persönlichkeitstraining »Jetzt Ganz« haben, wenden Sie sich bitte an folgende Adresse:

Klemm Seminare
Reimar und Ulrike Klemm
Höpflingerweg 2
D-83313 Siegsdorf
Tel. 0 86 62 / 1 23 20
Fax 0 86 62 / 27 47

Ulrike M. Klemm

Reiki – das Handbuch für die Praxis

Entdecken Sie Ihr wahres Potential und Ihre Lebensenergie

WILHELM HEYNE VERLAG
MÜNCHEN

HEYNE RATGEBER
Body & Soul
08/5176

Dieses Buch ist bereits unter der Nummer 08/5121 erschienen.

Umwelthinweis:
Dieses Buch wurde auf chlor- und säurefreiem Papier gedruckt.

Lektorat: Stefanie Schaeffler
Printed in Germany 1998
Umschlagillustration: Comstock, Berlin
Umschlaggestaltung: Atelier Adolf Bachmann, Reischach
Satz: Layer, Ostfildern
Druck und Bindung: Ebner, Ulm

ISBN: 3-453-13270-X

Inhalt

Bitte beachten Sie:

In diesem Buch spreche ich Sie meistens in der männlichen Form an, wie der »Reiki-Teilnehmer«, »Leser« usw.; dabei ist die weibliche Form der Begriffe natürlich immer eingeschlossen.

Ich möchte darauf hinweisen, daß Reiki als Selbstanwendetechnik psychotherapeutische oder ärztliche Behandlung ergänzt, jedoch nicht ersetzt. Der Arzt ist im Erkrankungsfalle immer aufzusuchen. Außerdem übernimmt jeder, der Reiki anwendet, die Verantwortung für sich selbst.

Dieses Buch ersetzt kein Reiki-Seminar. Vielleicht inspiriert es Sie aber, den für Sie richtigen Weg zu wählen, um mit mehr Lebensenergie in Berührung zu kommen.

Empfehlung:

Die Entspannungs- und Meditationstexte aus dem Buch können Sie sich auf eine Kassette sprechen und dann abhören.

Dies ist die wahre Freude im Leben,
für ein Ziel gebraucht zu werden,
das man selbst als gewaltig anerkennt;
eine Naturgewalt zu sein,
statt eines fieberhaften, egoistischen kleinen Bündels
von Kränkungen und Beschwerden, das sich beklagt,
daß die Welt nicht alles tue, um einen glücklich zu machen.

Ich möchte vollständig aufgebraucht sein,
wenn ich sterbe,
denn je härter ich arbeite, desto mehr lebe ich.
Ich freue mich am Leben seiner selbst willen.

Das Leben ist
keine »schnell niederbrennende Kerze« für mich.
Es ist eine Art leuchtende Fackel,
die ich jetzt in der Hand halte,
und ich möchte sie so hell wie möglich erstrahlen lassen,
bevor ich sie an künftige Generationen weitergebe.

(G. B. Shaw)

Danksagung

Ich danke von ganzem Herzen meinem Mann Reimar und unseren zwei lieben Söhnen Simon und Elias für ihre liebevolle Unterstützung; meinen Eltern für die Liebe und Geborgenheit, die sie mir in meiner Kindheit geschenkt haben, und meinen Schwiegereltern für ihre wundervolle Toleranz und Liebe für unsere Familie.

Besonderer Dank gilt all meinen Lehrern und Trainern, die mich ausgebildet und in meinem persönlichen Wachstum bereichert haben.

Ich danke an dieser Stelle meinen Seminarteilnehmern, die mich mit ihrer Offenheit, Frische und Intensität positiv herausgefordert und die Freude und Inspiration für meinen Beruf immer wieder bestärkt haben. Danke an das Leben und an die wohlwollende Energie – Reiki!

Ulrike Klemm, Reiki-Meisterin/Lehrerin

Vorwort

Ulrike Klemm war meine erste Meister-Schülerin. Das ist natürlich kein Zufall (den es sowieso nicht gibt), denn wir kannten uns schon einige Jahre und haben viel gemeinsam. Ich bin froh und stolz, daß Ulrike Klemm jetzt ein Reiki-Buch geschrieben hat, das soviel Wert auf Anwendung und Praxis im Alltag legt. Ulrike stellt genau die Aspekte von Reiki heraus, die auch mir am Herzen liegen: die Einfachheit, universelle Verfügbarkeit und mühelose Integration in das tägliche Leben. Das ist in der heutigen Zeit, in der esoterische Lehren und Methoden leichter zugänglich sind und viele Menschen erreichen, äußerst wichtig. Denn die meisten Menschen, die an diesen Dingen interessiert sind, leben nicht auf einer spirituellen Insel, sondern stehen mitten im Leben. Sie müssen sich Tag für Tag mit zum Teil schwierigen Situationen auseinandersetzen und brauchen eine Technik, die ihnen hilft, mit Streß umzugehen und den Alltag entspannter und ausgeglichener zu bewältigen.

Genau dies spricht Ulrike Klemm in ihrem Buch an. Sehr klar zeigt sie auf, wie Reiki in verschiedenen Lebensphasen und Bereichen ein zuverlässiger Begleiter und eine Quelle der Kraft sein kann: für die Mutter, die Reiki während der Schwangerschaft und Geburt einsetzt; für den Manager, der Kraft für wichtige Verhandlungen sucht; für Menschen, die in schwierigen Lebenssituationen wie Krankheit und Tod Hilfe brauchen. Themen wie Familie, Gesundheit, Persönlichkeitsentwicklung, Politik und Religion werden ausführlich behandelt und praktische Hinweise gegeben, wie Reiki in diesen Bereichen Transformationsprozesse beschleunigen und unterstützen kann. Während die meisten esoterischen Techniken einen großen zeitlichen Aufwand, eine schwierige Vorbereitung oder eine besondere Umgebung erfordern, ist dies bei Reiki nicht der Fall. Ulrike Klemms Buch gibt viele Anregungen, wie man sich auch mitten in den alltäglichen Verpflichtungen und Aufgaben jederzeit mit der Quelle verbinden, mit Hilfe von Reiki loslassen und entspannen kann, und sich dadurch wie von selbst Lösungen ergeben.

Sie zeigt sehr klar, wie Spiritualität auch im Alltag gelebt werden und man daran wachsen kann.

Ulrike Klemms Buch entstand aus einem reichen Schatz an Erfahrungen mit der Reiki-Kraft. In vielen Seminaren im In- und Ausland hat sie Menschen geholfen, ihre verborgenen Kräfte ans Licht zu bringen und ihre Persönlichkeit zu entwickeln. Ihre Begeisterung für Reiki und die Liebe zu ihrem Beruf sind in das Buch eingeflossen und können viele Menschen dazu inspirieren, sich auf die universelle Lebensenergie einzulassen und mehr Kraft für ihr Leben zu finden.

Das vorliegende Buch wird für jeden, der es liest, eine Bereicherung sein. Ich wünsche ihm viele begeisterte Leser.

Brigitte Ziegler, Reiki-Meisterin/Lehrerin

Einführung: Mein Weg zu Reiki

*Nur wer die Herzen bewegt,
bewegt die Welt.*

Schon als Kind erforschte ich Grenzbereiche des Lebens und hinterfragte auf meine kindliche Art alles, was mit dem Sinn des Lebens zu tun hatte. Mit dreizehn Jahren habe ich die Sternzeichen verschiedener Personen miteinander verglichen – Neugier und ein ewiges »Wissenwollen«, was so hinter den Dingen steckt, ist immer schon ein Thema in meinem Leben gewesen. Ich hatte auch das Glück, in einem sehr liebevollen Elternhaus aufzuwachsen, das mir den dazu nötigen Schutzraum bot. Damals habe ich im katholischen Gottesdienst als Kind fasziniert die Menschen beobachtet, die ganz in sich gekehrt von der Kommunionbank zurückkamen und sich in die Stille begaben. Kirchliche Rituale hatten eine magische Anziehungskraft für mich – dieses würdevolle Weihen und Predigen, die schönen Gewänder, feierlichen Gesänge und die wohligen Gerüche. All das habe ich viele Jahre später in ähnlicher Form bei Reiki wiederentdeckt – doch dazu an anderer Stelle mehr.

Mein Vater war religiös sehr engagiert und organisierte Japan-Kontakte. Er finanzierte mit einem Kreis anderer Idealisten verschiedenen Theologiestudenten das Studium zum Priester. Es waren meistens Inder oder Japaner. Einige davon feierten ihre Priesterweihe bei uns im Dorf, und ich war glücklich, aktiv dabeisein zu können. Ich durfte Gedichte aufsagen und in einem weißen Kleid in der Prozession ein Kissen mit einem Kranz für die jungen Priester tragen. Ich liebte diese Feierlichkeiten, alles strahlte und war hell.

Durch diesen Japan-Kontakt kamen immer wieder junge Japaner zu uns zu Besuch. Als Mädchen liebte ich damals schon die Art dieser Menschen, ihre »feinen« Geschenke, wie Döschen und Vasen aus ihrer Heimat. Erst viele Jahre später sollte ich durch Reiki auf eine ganz andere Weise wieder Kontakt mit Japan aufnehmen.

In meinen Pubertäts- und Jugendjahren befaßte ich mich mit philosophischer Literatur, und noch immer lebte in mir diese tiefe Sehnsucht, »es« wissen zu wollen. Es schien mir, als gäbe es keine Antwort auf all meine inneren Fragen, und es machte mir oft das Leben schwer, daß niemand da war, der mir diese bohrenden Fragen zufriedenstellend beantworten konnte. Teilweise fand ich mich bei Hermann Hesse, Goethe und Rilke wieder, doch ich mußte noch einige Jahre warten, bis ich innerlich ruhiger werden durfte. Bis ich dreißig Jahre alt war, führte ich ein recht unruhiges Leben: Schule, Ausbildungen, Praktika, Beziehungen, Berufsjahre als Führungskraft im Sozialbereich und immer das starke Gefühl, noch nicht bei mir selbst »angekommen« zu sein. Heute würde ich sagen, daß meine Energien noch nicht kanalisiert waren, mir fehlte die Ausrichtung für mein Leben – doch wer hat das schon in jungen Jahren!

Dieses ewige Suchen ließ nach, als ich begann, Selbsterfahrungskurse zu besuchen, und lernte, mein Inneres anzuschauen, meine Blockaden zu lösen und seelische Wandlungsprozesse zu durchlaufen. Methoden wie Rebirthing, Bioenergetik, Gesprächstherapie und Feuerlaufen haben mich dabei sehr unterstützt und von vielen alten Mustern und Fesseln befreit. Ich spürte meine Kraft und hatte immer mehr Zugang zu meinem tiefsten Inneren und meiner Intuition. Das machte mich mutig und gab mir neues Selbstvertrauen für mein Leben.

In dieser Zeit lernte ich auch Reiki kennen. Ein vertrauter Mensch hatte mir einen Reiki-Kurs empfohlen, und ich war neugierig geworden. Ich reiste nach München und habe mich an einem Wochenende in den I. und II. Reiki-Grad einstimmen lassen. Das Wochenende empfand ich als sehr schön und angenehm. Ich hatte danach verstärkt heiße Hände, mehr Energie und empfand eine gewisse Aufregung in mir.

Im Laufe der nächsten drei Jahre wendete ich Reiki regelmäßig bei mir an und machte sehr starke, positive Erfahrungen, vor allem mit der Anwendung des II. Reiki-Grades. Zu dieser Zeit lernte ich auch meinen Mann Reimar kennen und wir gründeten unsere Familie. Nach dreijähriger Erfahrungszeit mit Reiki und dem Aufbau der gemeinsamen Seminartätigkeit wollte ich mich unbedingt in den III. Reiki-Grad (den Meister-Grad) einstimmen lassen und die Lehrerausbildung machen. Ich hatte das Glück, daß meine Reiki-Meisterin, Brigitte Ziegler, zur Ausbildung zu mir kam. Ich wurde 1989 von ihr zur traditionellen Reiki-Meisterin eingestimmt und zur Lehrerin ausgebildet. Ich begann, Seminare zu geben und Menschen in alle drei Grade einzustimmen, und erlebte eine große Freude und Leidenschaft dabei – ich hatte meine alte Vorliebe und Faszination für Rituale und Feierlichkeiten wiederentdeckt.

Ich bemerkte, daß sich bei den Teilnehmern unendliche innere und äußere Welten eröffneten, und wunderte mich oftmals, wie das alles geschehen kann. Erst durch das Vermitteln von Reiki im Rahmen meiner Seminartätigkeit habe ich meine Berufung ganz gefunden. Ein großer Teil meiner inneren Suche hat sich dadurch lösen und klären können.

Meinem inneren Ruf folgend, hat sich meine berufliche Tätigkeit in den Jahren inhaltlich natürlich mit mir verändert. Die Seminare gewannen an Intensität und Tiefe. Durch meine eigene Berufs- und Lebenserfahrung hat sich mein Anliegen mit Reiki immer mehr geklärt. Ich freue mich daran, für andere Menschen eine gute Vermittlerin zu sein und mit ihnen eine neue Energiequalität in Ihrem Leben zu manifestieren. Ich liebe es, Menschen offen und glücklich zu sehen und in ihnen ein neues Feuer von Begeisterung und Liebe anzuzünden. Es ist ein großes Geschenk für mich dabeizusein, wenn Menschen wieder zu sich selbst finden, zur inneren Ruhe kommen, Krankheiten loslassen, die Kraft in sich und um sich wahrnehmen, sich als Teil des großen Universums empfinden und es wagen, ihr inneres Potential an Kraft und Liebe zu leben. Dafür danke ich der universellen Lebensenergie – Reiki – und wünsche mir, daß Sie, lieber Leser, viele Stunden der Inspiration, Tiefe und Begeisterung beim Lesen dieses Buches erleben. Vielleicht springt ja der Funke auch zu Ihnen über!

Die Geschichte von Reiki

Dr. Usui

Das jahrtausende alte tibetische Heilsystem Reiki (gesprochen »Reeki«) wurde Mitte des 19. Jahrhunderts von dem christlichen Mönch Dr. Mikao Usui wiederentdeckt. Dr. Usui hat es in Japan, während er Leiter einer christlichen Priesterschule in Kioto war, nach jahrelanger Suche wiedergefunden. Weil Dr. Mikao Usui als Wiederentdecker des Reiki-Systems gesehen wird, spricht man vom »Energiesystem nach Dr. Usui«.

Wie kam es nun zu Dr. Usuis Entdeckung? Eines Tages wurde Dr. Usui von einem Theologiestudenten gefragt: »Jesus hat seine Heilungen mit Handauflegen vollbracht. Wie hat Jesus geheilt? Mit welcher Kraft konnte Jesus heilen?« Dr. Usui konnte diese Frage nicht beantworten, und sie beschäftigte ihn in seinem tiefsten Inneren tagelang. Nach vielem Auf und Ab und Rücksprachen mit seinem Klostervorsteher in Kioto beschloß er, sich ausschließlich dieser Frage zu widmen. Er legte für einige Zeit sein Amt als Dozent nieder und reiste zuerst nach Amerika. Dort bemühte er sich, in christlichen, in altchinesischen und in altindischen Schriften (Sanskrit) die Antwort zu finden, doch zunächst ohne Erfolg. Erst als er in Nordindien in Sanskrit verfaßte Buddhasutren fand, ahnte er, daß in diesen alten Formeln und Symbolen eine Antwort auf seine Frage enthalten sein könnte. Dr. Usui studierte die über 2500 Jahre alten Schriftzeichen einige Jahre lang und kehrte schließlich nach Japan in sein Kloster zurück. Doch er spürte, daß zur Beantwortung der ursprünglich gestellten Frage noch die Erfahrung, das persönliche Erleben fehlte. Er besprach sein Problem mit seinem Klostervorsteher in Kioto, und beide beschlossen nach einer Meditation, daß Dr. Usui 21 Tage auf einen nahegelegenen Berg gehen sollte, auf den Berg Kurijama. Dort sollte er die Zeit durch Fasten und Meditieren wartend verbringen. Er hoffte, auf diese Weise dem Mysterium der Sanskritschlüssel näherzukommen. Die Legende erzählt, daß er sich für die 21 Fastentage 21 Steinchen zurechtlegte. Tag für Tag legte er ein Steinchen zur Seite, und es heißt, daß 20 Tage lang nichts geschah. Während dieser Zeit las er in den altindischen Schriften, sang, fastete und meditierte. Am letzten, dem 21. Tag, sah er noch vor dem Morgengrauen in der Ferne ein helles, strahlendes Licht. Er spürte, wie dieses helle Licht immer näher auf ihn zukam, und hatte in diesem Moment kein Gefühl für Zeit und Ort. Der Lichtstrahl traf ihn mitten auf der Stirn und wurde größer und größer, bis Dr. Usui meinte, er müßte sterben. Er fiel zu Boden und sah alle Farben des Regenbogens und darunter überwiegend Blau, Lavendel und das Rot der Rose. Schließlich konnte er in einer großen, weißen Lichtwolke die alten, von ihm entdeckten Sanskritsymbole und -buchstaben in leuchtendem Gold erkennen und sprach überglücklich: »Ja, ich erinnere mich.« Dieses Erlebnis war das Einweihungsritual für Dr. Usui und somit die Geburtsstunde für die Wiederentdeckung von Reiki.

Als Dr. Usui wieder erwachte, war es ihm, als läge eine lange Zeit hinter ihm. Jedes normales Zeitgefühl war erlöscht. Er fühlte sich voller Energie und Kraft; er spürte, daß alles anders war als vorher. Da rannte er den Heiligen Berg hinunter nach Kioto und verletzte sich in seiner Übereile an der Zehe. Als er eine Hand auf die Wunde hielt, hörte sie sofort auf zu bluten, und der Schmerz verging. Dieses Ereignis erlebte er als sein erstes Wunder. Auf seinem Weg verspürte er Hunger und kehrte in einem Gasthaus ein. Dort ließ er sich ein großes japanisches Frühstück servieren. Der Wirt war darüber sehr erstaunt, da er wußte, daß Dr. Usui 21 Tage Fastenzeit hinter sich hatte. Doch Dr. Usui verzehrte die ganze Mahlzeit und vertrug die Speisen wunderbar. Das erlebte er als das zweite Wunder mit Reiki. Danach bahnte sich das dritte Wunder auf seinem Weg nach unten an. Die Enkelin des Wirtes hatte eine geschwollene Backe und litt seit einigen Tagen unter starken Zahnschmerzen. Intuitiv legte Dr. Usui die Hände auf die geschwollene Stelle, und sofort verflog der Schmerz. Überrascht lief das Mädchen zu seinem Großvater und sagte: »Das ist ein Wunder, es ist alles wieder gut.«

Dr. Usui kehrte schließlich in sein Kloster zurück und ging von dort aus in die Bettlerstadt von Kioto, um den Bettlern zu helfen, sie zu heilen und bei ihrer Suche nach einem besseren Leben zu unterstützen. So lebte er etwa sieben Jahre in den Armenvierteln von Kioto und behandelte dort viele kranke Bettler. Nach einigen Jahren Tätigkeit in dieser Bettlerstadt begann er umherzureisen, um Reiki zu lehren. In dieser Zeit formulierte Dr. Usui auch fünf Lebensregeln als Empfehlung für jeden Praktizierenden:

Reiki-Lebensregeln

Gerade heute sei nicht ärgerlich.
Gerade heute sorge dich nicht.
Ehre deine Eltern, Lehrer und die Älteren.
Verdiene dein Brot ehrlich.
Empfinde Dankbarkeit für alles Lebendige.

Fünf kraftvolle Affirmationen ergeben sich, wenn auch die ersten beiden Aussagen positiv formuliert werden:

Gerade heute lebe deinen inneren Frieden.
Gerade heute ist in allem in Fülle für dich gesorgt.

Dr. Usuis Nachfolge

Dr. Usui hatte als engen Mitarbeiter einen japanischen Arzt, Dr. Hajashi, der nach seinem Tod sein Nachfolger wurde. Dr. Hajashi war der zweite Reiki-Großmeister in der traditionellen Reiki-Linie. Er hatte bis etwa 1940 eine private Reiki-Klinik in Tokio und setzte Reiki-Behandlungen rund um die Uhr in seiner Klinik ein. Dr. Hajashi starb 1941 und hat vor seinem Tod seine Nachfolgerin Frau Takata in das traditionelle Reiki-Wissen eingeführt.

Frau Takata wurde von japanischen Eltern auf Hawaii geboren und lernte Reiki im Alter von 35 Jahren kennen. Sie konnte damals den Schmerz über den Tod ihres Ehemannes nicht verwinden, erkrankte schwer und wollte sich einer Operation unterziehen. Doch eine innere Stimme riet ihr davon ab. Sie vertraute dieser Stimme und ging von Hawaii nach Japan zurück. In Japan traf sie den Arzt Dr. Hajashi. In seiner Reiki-Klinik wurde sie innerhalb einiger Monate geheilt, nachdem sie täglich von zwei Pflegern mit Reiki behandelt worden war. Nach diesem Heilerlebnis war sie mit Leib und Seele von Reiki überzeugt und hatte das Bedürfnis, Reiki auch weiterzugeben. Kurz vor dem Tod von Dr. Hajashi trat sie dann seine Nachfolge als Reiki-Großmeisterin an und setzte somit als erste Frau in dieser Linie die Tradition der Großmeister fort. Erst in den siebziger Jahren begann sie, Reiki-Meister auszubilden. Als sie im Dezember 1980 starb, hatte sie bereits 22 Reiki-Meister in den USA und Kanada ausgebildet. Darunter waren auch ihre Urenkelin Phyllis Furumoto und die Amerikanerin Dr. Barbara Weber-Ray. Beide Reiki-Meisterinnen gründeten jeweils eine Reiki-Organisation: die »Reiki-Alliance« und die heutige »The Radiance Technique Association International« (T.R.T.A.I.), ehemals A.J.R.A. Obwohl sie etwas unterschiedliche Auffassungen über die Weitergabe des Usui-Systems hatten, haben sich beide dennoch erfolgreich eingesetzt, Reiki auf der ganzen Welt bekannt werden zu lassen.

In den achtziger Jahren kam dann Reiki mit der traditionellen Meistereinweihung und der Lehrerausbildung nach Deutschland. Heute kann jeder Reiki-Meister, der in der Tradition ausgebildet wurde und darin arbeitet, nach einigen Jahren der Reife andere zum Reiki-Meister einweihen und Lehrer ausbilden. Es bleibt jedem Reiki-Lehrer selbst überlassen, ob sie/er Mitglied in einer der Reiki-Organisationen wird oder lieber als »freier Reiki-Lehrer« lebt und arbeitet.

Was ist Reiki?

Seht euer ganzes Wesen erfüllt
von Licht und neuem Leben.
Seht jede Zelle vibrierend
von Energie und Leben,
seht euch selbst heil,
erkennt die Ganzheit allen Lebens.
Seht, wie sich alles vollzieht,
in vollkommenem Einklang und Harmonie;
das ganze Universum ist unter göttlichem Gesetz.
Seid euch ganz bewußt, daß ihr Teil seid
dieses göttlichen Gesetzes,
daß ihr Teil seid dieses vollkommenen Einklangs.
Fließt mit ihm,
verschmelzt mit ihm -
jetzt!
(Eileen Caddy)

Reiki ist das japanische Wort für die allumfassende und alles durchdringende Lebensenergie. Die Silbe *Re* heißt übersetzt »universell« und *Ki* heißt »Lebenskraft« oder »Lebensenergie«.

Dieses japanische *Ki* entspricht dem chinesischen *CHI*, dem indischen *Prana* und der christlichen Bezeichnung *Licht*. Russische Forscher haben diese Kraft *bioplasmische Energie* genannt, die *Kahunas* nennen sie *Mana*, und sie ist auch als *kosmische Energie, Bioenergie* und *Vitalkraft* bezeichnet worden. Es handelt sich letztendlich immer um die gleiche

Energie, die jedem Lebewesen von Anfang an mitgegeben ist.

Reiki ist die Energie, die immer mit uns ist und allen Lebewesen über die Energiezentren zugänglich ist. Jeder Mensch kann über seine Hände diese Kraft weitergeben. Über die sogenannten Reiki-Einstimmungen oder -Einweihungen wird die Lebensenergie des Teilnehmers aktiviert und angeregt. Im Reiki-Seminar wird der Teilnehmer von seinem Reiki-Lehrer durch ein altes Ritual zum »Reiki-Kanal« geweiht und ist ab dann in der Lage, kosmische Energie durch seine Hände anderen und sich selbst zu übertragen. Dies geschieht durch das Auflegen der Hände an verschiedenen Stellen des Körpers. Reiki-Energie wirkt entspannend, löst Blockaden, weckt versteckte Sehnsüchte und Träume, verhilft zu einer positiven Lebenseinstellung und durchdringt das ganze Leben mit Kraft. Reiki ist schöpferische Kraft, Heilkraft, Inspiration und Ursprungskraft zugleich, in und um uns. Diese Kraft macht uns lebendig, läßt uns fühlen und wachsen. Sie ist die allerhöchste Schwingung im Universum, die alles hervorbringt und zusammenhält. Sie ist die Energie, die alle Lebewesen vereint, unabhängig von Religionen, Hautfarben und politischen Grenzen. Sie ist das wertvollste und einfachste Gut und Geschenk an uns Menschen. In der heutigen Zeit macht Reiki Mut, die Grenzen des Unmöglichen zu überschreiten und Themen anzugehen, die weit über den Horizont eines jeden von uns hinausführen. Das und noch vieles mehr ist das Wesen von Reiki. Ich lade Sie, lieber Leser und liebe Leserin, dazu ein, Reiki bereits beim Lesen dieses Buches in Ihnen wirken zu lassen.

Die Energiezentren (Chakren)

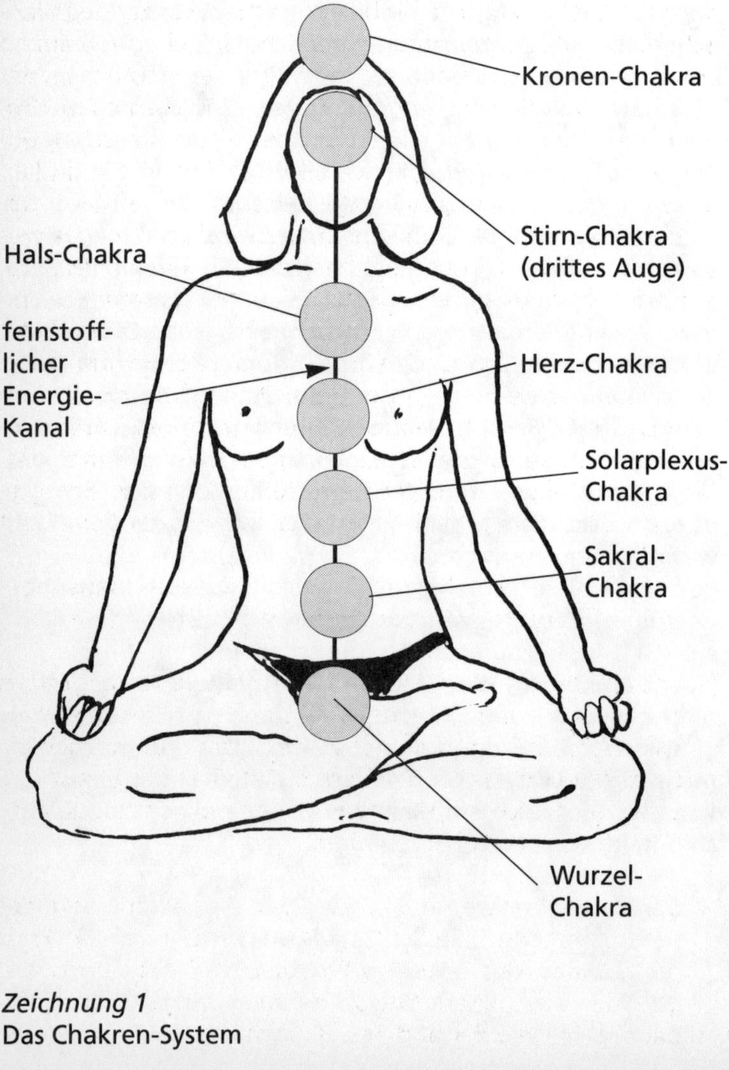

Zeichnung 1
Das Chakren-System

Das Wort *Chakra* (sprich: Schákra) kommt aus dem Sanskrit und bedeutet »Rad« oder »Wirbel«. Die Chakren sind kreisförmige Energiezentren im feinstofflichen Körper des Menschen. Die meisten philosophischen Schulen gehen von sieben Hauptchakren aus. Sie haben ihren Sitz im feinstofflichen, unsichtbaren Bereich des Körpers. Hellsichtige Menschen können diese Energiewirbel sehen, die bei jedem Menschen unterschiedlich groß und unterschiedlich aktiv sind. Sie sind an einen feinen Energiekanal angeschlossen, der entlang der Wirbelsäule verläuft. Ohne die Existenz der Chakren könnte unser stofflicher Körper nicht bestehen. Sie dienen als Empfänger, Umwandler und Leiter von Energie, als Sammel- und Annahmestellen der im Universum enthaltenen Lebenskraft (*Ki*). Sie sind die Tore für den Zustrom von Energie und Leben in unserem physischen Körper. Beim Durchschnittsmenschen gleichen die Chakren kleinen Kreisen von zirka 5 cm Durchmesser, die dumpf erglühen. Bei einem geistig weiter entwickelten Menschen werden sie von einer so großen Energiemenge durchflutet, daß sie in lebendig blühendem Licht erstrahlen und pulsieren.

Die sieben Hauptchakren können folgendermaßen beschrieben werden (vgl. auch Zeichnung, S. 24):

1. Das **Wurzel-Chakra,** auch *Basis-Chakra* genannt, liegt beim Mann etwa in der Höhe des Steißbeines, bei der Frau etwa zwischen den Eierstöcken. Es ist der Sitz der physischen Lebenskraft und der grundlegenden Vitalität des Menschen. Es reguliert die Mechanismen, die den physischen Körper unmittelbar am Leben erhalten.

2. Das **Sakral-Chakra,** auch *Milz-Chakra* genannt, befindet sich knapp unterhalb des Nabels, vor dem Kreuzbein. Es ist das Zentrum der sexuellen Energien und des Selbstwertgefühles. Mit diesem Chakra nehmen wir auch unmittelbar die Gefühle der anderen Menschen wahr.

3. Das **Solarplexus-Chakra,** auch *Sonnengeflecht* genannt, liegt etwas oberhalb des Nabels. Es ist der eigentliche Körpermittelpunkt, der Ort, von dem aus die physischen Energien verteilt werden. Bei Angst fühlt man, wie sich das Sonnengeflecht »zusammenzieht«.

4. Das **Herz-Chakra** liegt in der Höhe des Herzens, zwischen den Brüsten. Es ist das Zentrum von wahrer, bedingungsloser Liebe, Zuneigung, Nähe, Mitmenschlichkeit, Brüderlichkeit und Mitgefühl.

5. Das **Hals-Chakra,** auch als *Kehlkopf-Chakra* bekannt, ist das Chakra der Kommunikation, des Selbstausdruckes und der Kreativität.

6. Das **Stirn-Chakra,** auch *Drittes-Auge-Chakra* genannt, liegt in der Mitte der Stirn, etwas höher als die Augenbrauen. Es ist der Sitz des Willens, des Geistes und Verstandes, sowie der Punkt, mit dem wir visualisieren. Außerdem befindet sich hier das Zentrum von außersinnlichen Wahrnehmungen wie Hellsehen und Telepathie. Auch die Intuition hat hier ihren Sitz.

7. Das **Kronen-Chakra,** auch als *tausendblättriger Lotus* bezeichnet, befindet sich oben auf dem Kopf in Höhe der Fontanelle. Dieses Chakra steht für das höchste dem Menschen erreichbare Bewußtsein. Dieses wird oftmals auch als Ich-bin-Bewußtsein oder Erleuchtung bezeichnet (deshalb wird häufig spirituelles Erwachtsein mit einem sogenannten Heiligenschein dargestellt). Dieses Chakra verbindet uns direkt mit der kosmischen Lebensenergie.

Um mit Reiki arbeiten zu können, benötigen Sie nicht unbedingt ein tieferes Wissen über die Energiezentren. Aber jeder Reiki-Lehrer wird Sie in dieses Chakren-System im Seminar einführen, um Ihr Verständnis dafür zu erwecken und um Sie die Wirkungsweise von Reiki besser verstehen zu lassen.

Wie kann Reiki erlernt werden?

Reiki ist für jedermann erlernbar. Die Methode ist einfach und kann von jedem Menschen ohne Voraussetzungen praktiziert werden. Es genügt der innere Wunsch, mehr über die allumfassende Energie erfahren zu wollen, und ein bißchen Bereitschaft, etwas kennenzulernen, was außerhalb unserer normalen Denkweise liegt. Auch altersmäßig gibt es kaum Einschränkungen. Ich habe unseren ältesten Sohn bereits mit einem Dreivierteljahr in den I. Reiki-Grad eingeweiht. Es war ein wunderschönes Erlebnis. Heute ist Simon achteinhalb Jahre alt und begleitet mich als »Assistent« zu offenen Reiki-Abenden. Bald wird er auf eigenen Wunsch auch den II. Grad erhalten.

Genauso ist es möglich, einem alten Menschen die Reiki-Einweihungen zu geben, da er vielleicht sogar im Sterbeprozeß danach verlangt. Reiki ist konfessionslos und unabhängig von jeder Weltanschauung. So wäre es durchaus denkbar, in dem gleichen Reiki-Seminar Teilnehmer zu haben, die unterschiedlicher Hautfarbe und Weltanschauung zugehörig sind. Die Reiki-Energie paßt sich allen Gegebenheiten an, weil sie neutral ist. In all den Jahren meiner Reiki-Lehrertätigkeit ist für mich einer der positivsten Aspekte gewesen, in diesem Beruf innerlich frei bleiben zu dürfen und somit jeden Menschen willkommen heißen zu können, der den Wunsch hat, Reiki zu erlernen.

Die drei Reiki-Grade

Reiki wird in drei Stufen unterrichtet, die aufeinander aufbauen. Man nennt diese Stufen beim Reiki »Grade«. Die erste Einführungsstufe ist der I. Reiki-Grad. An zwei aufeinanderfolgenden Tagen werden dem Teilnehmer vier Einweihungsrituale von dem Reiki-Lehrer gegeben. Er lernt die Grundpositionen der Reiki-Anwendungen für sich und andere. Er erfährt grundlegende Gesetzmäßigkeiten der Arbeit mit Reiki und hat viel Gelegenheit, eigene Erfahrungen damit zu machen und sich darüber mit der Gruppe auszutauschen. Der Teilnehmer lernt die Praxis des Gruppen-Reikis kennen und am zweiten Tag die einstündige Reiki-Partneranwendung.

Der I. Grad ist ein bewegender Moment im Leben vieler Menschen. Ich teile in meinen Seminaren den einzelnen Teilnehmern mit, was ich selbst bei den einzelnen Einweihungen jeweils empfunden habe. Diese Rückmeldung wird sehr positiv aufgenommen, und die Teilnehmer sehen sie als hilfreiche Unterstützung.

Die Preise der angebotenen Kurse sind sehr unterschiedlich, sie liegen etwa zwischen 350,– DM und 450,– DM.

Auf den I. Reiki-Grad baut der II. Reiki-Grad auf. Wenn Sie nach einiger Zeit den Impuls spüren, mit Reiki weiterzumachen, ist die Zeit für den II. Reiki-Grad gekommen. Sie werden selbst spüren, wann für Sie der richtige Zeitpunkt ist. Im II.-Grad-Seminar erteilt der Reiki-Lehrer jedem Teilnehmer wieder eine Einweihung, und sie erlernen drei alte, geheime Reiki-Symbole. Die Einweihung in den II. Grad bewirkt eine sehr tiefe seelische Öffnung. Sie verstärkt die Wahrnehmungen und die Intuition des einzelnen. Außerdem wird die Durchlässigkeit als »Reiki-Kanal« intensiviert, und es wird mehr Energie aus dem Kosmos angezogen.

Der II. Grad kann eine Herausforderung in Ihrem Leben bedeuten. Er löst im seelisch-geistigen Bereich Gefühlsblockaden und negative Verhaltensmuster auf. Ich empfehle ab dem II. Grad meistens zusätzliche Selbsterfahrungsarbeit und Persönlichkeitstraining, um mit der damit verbundenen Verantwortung umgehen zu lernen. Kraft der Einweihung und der Reiki-Symbole sind Sie dann in der Lage, sich selbst und anderen unabhängig von Raum und Zeit Energie zu senden. Außerdem lernen Sie, Energie auf Ihre eigenen Projekte und Ziele zu schicken. Der II. Grad ist eine sehr kraft- und wirkungsvolle Technik, die unendlich viele Möglichkeiten in sich trägt.

Der Unterricht umfaßt zwei bis zweieinhalb Seminartage und kostet zwischen 900,– DM und 1200,– DM.

Menschen, die nach längerer Reiki- und Praxiszeit spüren, daß sie ihren Weg noch intensiver mit Reiki fortsetzen möchten, können sich dann zum Reiki-Meister einweihen lassen. Es sind Teilnehmer, die mehr wollen in ihrem Leben und die bereit sind, große Wachstumsschritte zu unternehmen. Ich halte das Training im kleineren Kreis in drei bis fünf Tagen ab. Mein Schwerpunkt des Meistertrainings vor der Einweihung ist Selbsterfahrung und die Klärung von anstehenden Lebensthemen. Nach der feierlichen Einweihung haben die neuen Meister die Gelegenheit, bei uns ein Feuerlaufseminar zu besuchen, um so ihren neuen Lebensabschnitt zu bekräftigen.

Im allgemeinen kann ich sagen, daß nach jedem Reiki-Grad eine Ausdehnung des Energiekörpers (der Aura) stattfindet. Oftmals verspüren die Teilnehmer das Bedürfnis nach Veränderungen in ihren Lebensbereichen. Es kann z. B. sein, daß die bestehende Partnerbeziehung als zu eng empfunden wird oder sogar im äußeren Bereich der Platz in der Wohnung nicht mehr ausreicht. Mein Empfinden ist, daß der Reiki-Energiezufluß den Menschen zu seiner Ursprungsenergie zurückführt. Unser Energiepotential wird in der Regel höchstens zu zehn Prozent genützt. Welch faszinierende Vorstellung ist es, daß Menschen mehr und mehr die in ihnen schlummernde Energie leben!

Die Lehrer-Ausbildung

Zur Zeit gibt es unter den Reiki-Lehrern Auseinandersetzungen bezüglich der Inhalte der Ausbildung. Manche bieten superbillige Crash-Kurse an einem halben Tag(!) als Ausbildung an, andere wiederum legen die Zeit der Ausbildung individuell fest. Ich möchte an dieser Stelle meine Form der Lehrer-Ausbildung darlegen, da es mir wichtig erscheint.

Falls sich jemand berufen fühlt, die Lehrerausbildung zu machen, stimme ich das Trainingsprogramm sehr individuell mit dem einzelnen ab. Mein Ziel war und ist, gute, liebevolle und verantwortungsbewußte Lehrer auszubilden.

Wenn sich ein Teilnehmer für die Ausbildung bei mir bewirbt, lade ich ihn zu einem Vorgespräch ein. Wenn ich ihn noch nicht kenne, erfrage ich seine Einweihungslinie für die vorangegangenen Grade. Ich erarbeite mit ihm seine Motivation, warum er die Ausbildung machen möchte. Für die Weitergabe der Ausbildung ist es für mich als Lehrerin ganz wichtig, daß der Anwärter/die Anwärterin folgende Voraussetzungen mitbringt:

1. Persönliche innere Reife und eine gefestigte Persönlichkeit.
2. Freude und Talent, mit Menschen zu arbeiten.
3. Eine zeitlich solide Basis der Reiki-Erfahrungen in der Anwendung des I. und II. Grades.
4. Stabile familiäre, soziale und wirtschaftliche Verhältnisse (sonst ist er nicht in der Lage, Menschen zu unterstützen und zu »tragen«).

5. Die Bereitschaft, sich mit sich selbst auseinanderzusetzen in Form von Selbsterfahrungsgruppen oder ganzheitlichen Therapien.
6. Beidseitige Sympathie und ein ähnliches Grundanliegen, das uns in der Arbeit mit Menschen verbindet.

Ich bespreche mit jedem Schüler den zeitlichen Rahmen der Ausbildung sehr individuell, meistens dauert die Gesamtausbildung ab dem Meistergrad etwa ein Jahr.

Folgende Ausbildungsinhalte gebe ich meinen Schülern weiter:

1. Basistraining Meistereinweihung III. Grad

a) Selbsterfahrungsteil
b) Erlernen des Meistersymboles
c) Erlernen der Weitergabe der 1. Einweihung des I. Grades (Herzöffnung)
d) Teilnahme an einem zweitägigen Feuerlauftraining bei meinem Mann und mir

Dieses Meistertraining biete ich auch unabhängig von der Lehrerausbildung an. Manche Menschen arbeiten im therapeutischen Bereich und fühlen sich nicht zum Lehrer berufen. Sie möchten aber dennoch die Qualitäten der III.-Grad-Einweihung für ihr Leben erfahren. So sind einige meiner Teilnehmer sehr glücklich, auf diese Weise ihr persönliches Wachstum fördern zu können.

2. Aufbautraining zum Lehrer bzw. zur Lehrerin

a) Individuelle Anzahl von Assistenzen in meinen Reiki-Kursen bei allen Graden
b) Erlernen der Einweihungsrituale für alle Grade
c) Erlernen von Aufbau und Inhalt der einzelnen Seminare
d) Klärung verschiedener individueller Themen des Schülers (Beziehungen, Geld usw.)

e) Unterstützung und Supervision während der Gesamtausbildung
f) Teilnahme an einem halbjährlichen Persönlichkeitstraining »Jetzt Ganz« bei meinem Mann und mir (vier Wochenenden).
   Während dieser Zeit habe ich die Gelegenheit, den Schüler in seiner Entwicklung auf verschiedenen Ebenen kennenzulernen und zu unterstützen. Außerdem lernt er einige sehr wirkungsvolle Methoden kennen, um die für ihn anstehenden Themen zu bearbeiten und seine Klärungsprozesse zu intensivieren. Später, wenn er selbst Kurse leitet, kann er Übungen und Methoden daraus übernehmen.

Diese Ausbildung habe ich in den letzten Jahren aus meiner Berufserfahrung heraus entwickelt. Die Lehrer, die ich ausgebildet habe, sind erfüllt in ihrer Berufung und mit Freude dabei.

Manchmal überkommt mich Ärger und auch Wehmut, wie mit Reiki heute oftmals umgegangen und gehandelt wird. Ich wünsche mir, daß die Qualität der Reiki-Ausbildungen immer besser wird und daß nur diejenigen Lehrer Bestand haben, die ein (auf allen Ebenen) hochentwickeltes »Produkt« anzubieten haben.

Wenn Sie den/die für Sie richtigen Reiki-Lehrer/in finden möchten, informieren Sie sich in Fachzeitschriften, Büchern usw. über das Angebot. Trauen Sie sich, die jeweiligen Lehrer/innen nach ihrer traditionellen Einweihungslinie zu fragen, und entscheiden Sie dann nach Ihrem Gefühl. Wichtig ist, daß Sie Ihrem Gegenüber vertrauen und daß die bekannte »Chemie« stimmt.

Der Preis für die Ausbildung zum Reiki-Meister und -Lehrer ist individuell mit dem Reiki-Lehrer zu vereinbaren, da der Umfang der Ausbildung dabei eine wesentliche Rolle spielt.

Die Reiki-Einweihungen

Da Reiki ein jahrtausende altes Wissen ist, wird das Wesen und die Essenz von Reiki traditionell über energetische Einweihungsrituale von dem Reiki-Lehrer zum Teilnehmer weitergegeben. Es braucht einen direkt anwesenden Lehrer für diese Energieübertragung, um nachhaltig und korrekt in das Dr.-Usui-Energiesystem eingeweiht zu sein. Deshalb ist es wichtig, von einem traditionell ausgebildeten Lehrer dieses Ritual zu bekommen. Sonst leidet die Energiequalität und somit der einzelne Teilnehmer darunter. Reiki-Einweihungen bewirken eine starke Öffnung des feinen Energiekanals entlang der Wirbelsäule des Menschen. Der Energiekanal steht in Verbindung mit den Energiezentren (= Chakren) des Menschen. Über diesen Kanal erreicht die universelle (kosmische) Lebensenergie die einzelnen Chakras. Aufgenommen wird die kosmische Lebensenergie über das Kronen-Chakra und fließt dann weiter über das Stirn-Chakra nach unten bis zum 7. Chakra, dem Wurzel-Chakra (siehe Chakren-Bild, S. 24).

Jedes Lebewesen wird in dieser Weise vom Kosmos über sein feinstoffliches Energiesystem ernährt. Fließt die Energie harmonisch im Chakrensystem, ist der Mensch im Gleichgewicht, also körperlich, seelisch und geistig gesund. Durch Erziehung, Umwelt und andere Einflüsse ist bei den meisten Menschen die Energie nicht im Einklang. Dieses Ungleichgewicht äußert sich z. B. in Form von körperlichen und/oder seelischen Erkrankungen. So spricht man bei den asiatischen Heilmethoden nicht so sehr von Krankheit, sondern eher von einem »Nicht-im-Gleichgewicht-Sein«. Durch das Ritual der Reiki-Einweihungen werden im Energiekanal und in den Chakren des Teilnehmers Blockaden gelöst, die Lebensenergie kommt wieder mehr ins Fließen, die Selbstheilungskräfte werden aktiviert. Es entsteht eine Form von Durchlässigkeit und Öffnung der Energiebahnen, und der Gesamtorganismus wird so wieder mit mehr Lebensenergie versorgt. Der Teilnehmer spürt das oft in Form von wohliger Wärme, die sich im ganzen Körper oder an bestimmten Stellen ausdehnt. Reiki fließt sowohl in den körperlichen als auch in den seelischen und geistigen Bereich des Teilnehmers. Durch die erhöhte Durchlässigkeit und Aufnahmefähigkeit für kosmische Energie (Reiki) der Chakren ist der Teilnehmer nach den Einweihungen in der Lage, über sein Kronen-Chakra vermehrt Energie aus dem Kosmos anzuziehen und aufzunehmen. So kann er, wenn er seine Hände bei sich selbst oder bei anderen auflegt, kosmische Energie durch sich auf andere übertragen. Er wirkt dann als »Reiki-Kanal«. Durch ihn wird die kosmische Energie vom Empfänger »angezogen«, und die Menge der Energie richtet sich nach dem Bedarf des Empfängers.

Einweihungen sind das Herzstück von Reiki. Um sie zu bekommen, muß sich der Teilnehmer einen Reiki-Lehrer suchen, denn dieses Ritual ist nur auf diesem Weg zu erfahren. Der Reiki-Lehrer stellt sich während des Rituals, welches für jeden Teilnehmer individuell vollzogen wird, ebenfalls als »Energiekanal« zur Verfügung. Er ist kraft seiner eigenen Einweihung durch seinen Lehrer dazu befähigt worden.

Wirkungsweise der Einweihungen

Einweihung zum I. Reiki-Grad

Im I.-Grad-Reiki-Kurs bekommt jeder Teilnehmer vier Einweihungsrituale von seinem Reiki-Lehrer. Diese bewirken, daß sich die Energiebahnen des Teilnehmers mehr ausdehnen und daß über das Kronenchakra vermehrt Energie aus dem Kosmos aufgenommen werden kann. Die Lebensenergie kommt dadurch wieder mehr ins Fließen. Der Teilnehmer lernt 16 Grundpositionen zum Auflegen der Hände bei sich selbst und bei anderen. Er ist von nun an »Reiki-Kanal«; die Energie durchdringt jetzt alle Bereiche seines Lebens.

Die Einweihungen des I. Grades bewirken eine sehr starke emotionale Öffnung beim Teilnehmer. Gefühle, die oft schon sehr lange zurückgehalten wurden, lösen sich und beginnen lebendig zu werden. Das kann Schmerz und Trauer sein, aber auch Freude und Hochgefühl. Meistens erleben die Teilnehmer im Herzensbereich tiefe Liebe und Wärme und haben das Bedürfnis, das anderen Menschen weiterzugeben. Im Rahmen dieser zwei Tage löst sich im Inneren unendlich viel, so daß ich manchmal selbst erstaunt bin, wieviel Glückseligkeit und innerer Friede in so kurzer Zeit in einem Menschen erblühen können.

Einweihung zum II. Reiki-Grad

Bei der Einweihung zum II. Grad bekommt jeder Teilnehmer wieder individuell ein Einweihungsritual vom Lehrer übermittelt. Die Basis dazu wurde ja schon beim I. Grad geschaffen. Dieses Ritual wirkt sehr intensiv im Intuitionsbereich des Teilnehmers, seine Wahrnehmungsfähigkeit über alle Sinne wird mehr geöffnet und somit verstärkt. Es ist der »mentale Grad«. Die Energiequalität des II. Reiki-Grades fühlt sich »erwachsener« an, wobei die Teilnehmer Ähnliches empfinden wie bei den ersten Einweihungen. Zusammen mit den drei alten Reiki-Symbolen, die im Kurs erlernt werden, kann der Teilnehmer von nun an Energie vom Kosmos anziehen und diese dann als Fernenergie unabhängig von Zeit und Raum von sich wegsenden.

Einweihung zum III. Reiki-Grad = Meistergrad

Nach einer gewissen Zeit der Reife fühlen manche Teilnehmer sich berufen, den Meistergrad zu erhalten. Die Basis dazu bilden die Reiki-Grade I + II. Dieser Grad ist auch die

Grundlage der Lehrerausbildung. Der Teilnehmer erhält ein weiteres Einweihungsritual von dem Reiki-Lehrer. Er erfährt insgesamt noch mal eine Verstärkung seiner »Energiedurchlässigkeit«, seine inneren Prozesse werden dadurch sehr stark aktiviert. Doch wo Licht ist, ist auch Schatten. Damit meine ich, daß aus dem Unterbewußtsein durchaus alte Verhaltensmuster auftauchen können, und der Teilnehmer ist aufgefordert, daran zu arbeiten. Deshalb setzt der III. Grad ein hohes Maß an Verantwortungsgefühl und innerer Reife voraus; vor allen Dingen die Bereitschaft, sein Leben »meisterlich« in die Hand zu nehmen und sich vom »Opferdasein« zu lösen. Diese Meistereinweihung bezieht sich sehr stark auf den persönlichen Weg des Teilnehmers. Er wirkt wesentlich auf das Thema Berufung, Partnerschaft und Übernehmen von Verantwortung ein. Nach der Meistereinweihung kann die Lehrerausbildung erfolgen. Diese gebe ich sehr gründlich und individuell für jeden Teilnehmer weiter (siehe Kapitel: »Die drei Reiki-Grade«, S. 29ff.)

Einweihungen aus meiner Sicht als Reiki-Lehrerin

Ich habe in den Jahren, in denen ich vielen lieben Menschen die Einweihungen geben durfte, sehr tiefe und schöne Erfahrungen machen dürfen. Diese innigen Minuten, sich, ohne dabei zu sprechen, mit einem Menschen auf einer höheren Ebene treffen zu dürfen, sind etwas ganz Besonderes für mich. Oftmals empfinde ich, als würden sich Welten in diesen Momenten verbinden. Der Zeitstrahl löst sich auf, und die Vergangenheit verbindet sich im Jetzt mit der Zukunft.

Ich habe im Laufe der Jahre eine sehr tiefe und sensible Wahrnehmung für den Menschen, der gerade bei mir ist, entwickelt. Auch für mich als Reiki-Lehrerin ist jede Einweihung ein innerer Prozeß. Einweihungsrituale durchzuführen ist, als ob man ein Priesteramt übernommen hätte. Ich empfinde dabei wie die Teilnehmer eine besondere Feierlichkeit, und es entsteht eine Verbindung zwischen Himmel und Erde. Ich bin manchmal selbst tief berührt und ergriffen, welche wissende und liebende Energie während der Einweihung mit uns ist.

Da das Einweihungsritual für den Lehrer emotional und spirituell sehr tief gehen kann, sollte er eine starke, stabile Persönlichkeit haben, eine positive Ausstrahlung und die Bereitschaft, sich seinen inneren Fragen immer zu stellen. Ich brauche, um meine Arbeit gut tun zu können, ein stabiles soziales und familiäres Umfeld. Genauso wie in jedem anderen Beruf brauche ich Zeiten des Rückzugs, des Alleinseins, um mich innerlich wieder für andere Menschen bereit zu machen.

Rechtliche Aspekte von Reiki

Reiki ist in erster Linie eine Selbstanwendungsmethode. Reiki ersetzt keine ärztliche Behandlung, gezielte therapeutische Beratung oder Therapie. In akuten Krankheitssituationen, wie bei allen Entzündungen, bei Asthma, bei einem Herzinfakt, bei Unterleibserkrankungen usw., sind unbedingt entsprechende Fachärzte aufzusuchen. Nachdem ein Arzt seine Untersuchung durchgeführt hat und die Ursachen der Beschwerden geklärt sind, kann der Heilungsprozeß mit Reiki unterstützt werden.

Auch kann durch regelmäßige Reiki-Anwendungen die Wirkung von einigen Medikamenten beeinflußt werden. Diesbezüglich fragen Sie bitte Ihren Reiki-Lehrer. An dieser Stelle möchte ich jedoch darauf hinweisen, daß jedes professionelle Ausüben von Reiki-Anwendungen dem Heilpraktikergesetz unterliegt. Die professionelle Anwendung von Reiki-Behandlungen ist ausschließlich Ärzten, Heilpraktikern und Psychotherapeuten gesetzlich erlaubt. In anderen pflegerisch-medizinischen Berufen kann Reiki jedoch automatisch mit in die Behandlung einfließen.

Die Anwendung von Reiki

Selbstanwendung

Meine Erfahrung ist, daß die meisten Kursteilnehmer Reiki bei sich selbst anwenden. Ich empfehle Ihnen, sich selbst an erste Stelle zu setzen und erst dann Reiki an andere weiterzugeben, wenn Sie selbst im inneren Gleichgewicht sind, sich stark fühlen und sich in einer guten Verfassung befinden. Dazu verhilft, in regelmäßigen Abständen gegeben, die Reiki-Selbstanwendung.

Sie gönnen sich nach Lust und Laune ein- oder mehrmals am Tag das Handauflegen am eigenen Körper. Sie können das entsprechend der klassischen Körperpositionen tun (siehe Abbildungen) oder intuitiv selbst andere Stellen am Körper wählen, die Sie im Moment bevorzugen. Während der Selbstanwendung tanken Sie Lebensenergie auf. Sie beruhigen und entspannen sich dabei.

Wenn Sie unter einer speziellen Erkrankung leiden, legen Sie sich die Hände da auf, wo Sie Schmerzen haben bzw. wo sich Ihre Schwachstelle befindet. Wenn Sie z. B. ein Magenleiden haben, dann legen Sie sich die Hände im Magenbereich auf. Ich empfehle Ihnen, bei Krankheiten die Ganzkörperanwendung täglich mindestens einmal durchzuführen. Auch bei Erschöpfungs- und Unruhezuständen wirkt eine regelmäßige Eigen-Reiki-Gabe sehr aufbauend und bringt Sie nach einiger Zeit wieder in Ihr inneres Gleichgewicht. Wenn Sie in Ihrem Alltag nur ein paar Minuten Zeit für sich haben, so gönnen Sie sich diese kurze Ruhepause in Verbindung mit

Reiki. Legen Sie sich beide Hände auf Ihr Gesicht, atmen Sie tief ein und aus. Sagen Sie sich leise folgenden Satz: »Ich lasse innerlich los und bin vollkommen entspannt.« Beim Einatmen nehmen Sie neue Energie auf, und beim Ausatmen geben Sie alles Schwere und Verbrauchte mit nach draußen. Auf diese Weise sind Sie in wenigen Minuten erfrischt und ausgeruht.

Selbstanwendung im Liegen

Abb. 1
1. Kopfposition
Beide Hände bedecken das Gesicht.
Sehr wohltuend bei Erschöpfung, Erkältung und »müden Augen«.

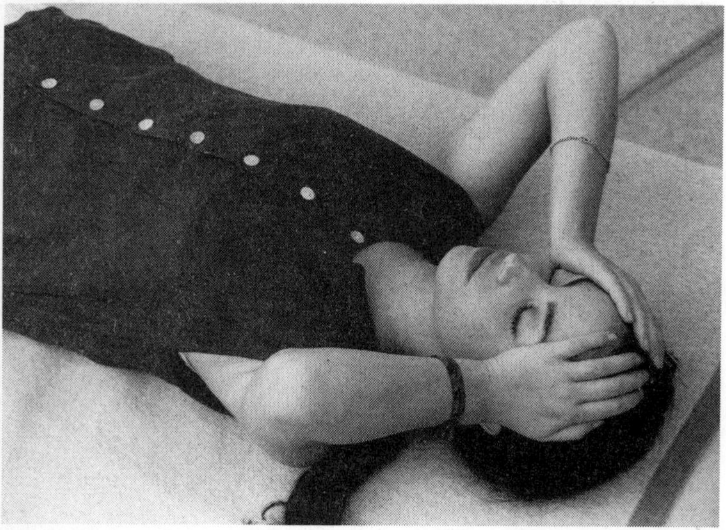

Abb. 2 ▲ Abb. 3 ▼

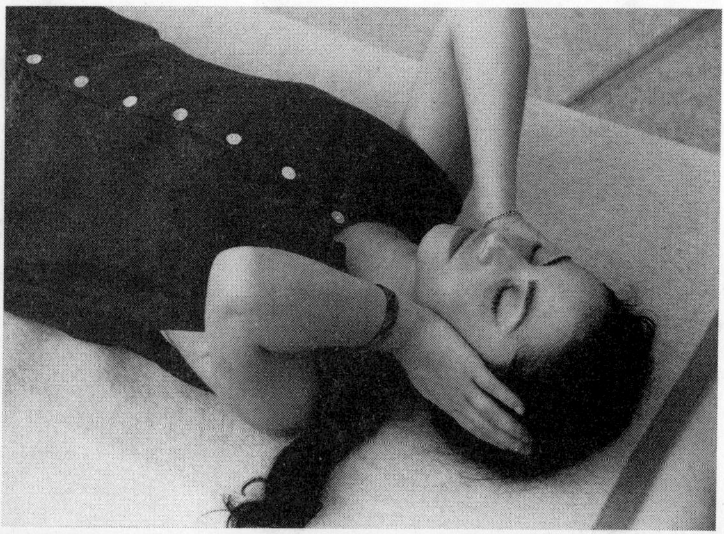

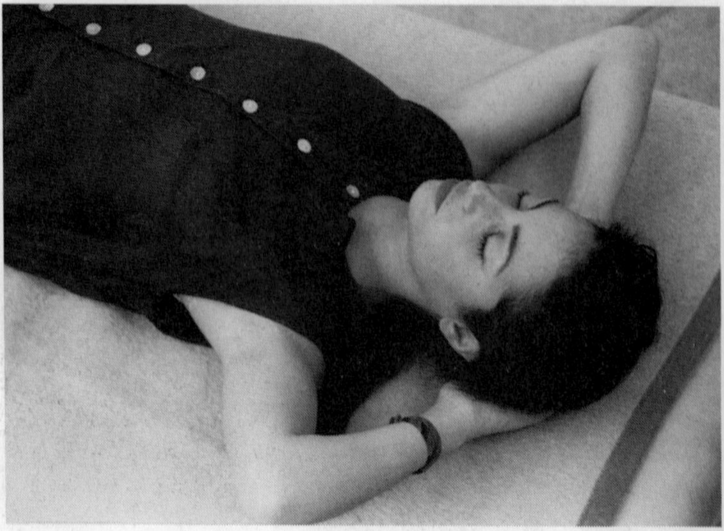

Abb. 4

Abb. 2
2. Kopfposition
Beide Hände liegen auf den Schläfen.
Sehr wohltuend bei Konzentrationsschwierigkeiten, Müdigkeit, Kopfschmerzen.
Gut für positive Gedanken und Aktivierung beider Gehirnhälften.

Abb. 3
3. Kopfposition
Beide Hände liegen auf den Ohren.
Sehr wohltuend bei Ohrenschmerzen, Nackenverspannungen, Zahnschmerzen, Erkältungen, Ohrgeräuschen.
Gut zum Abschalten, »dichtmachen«.

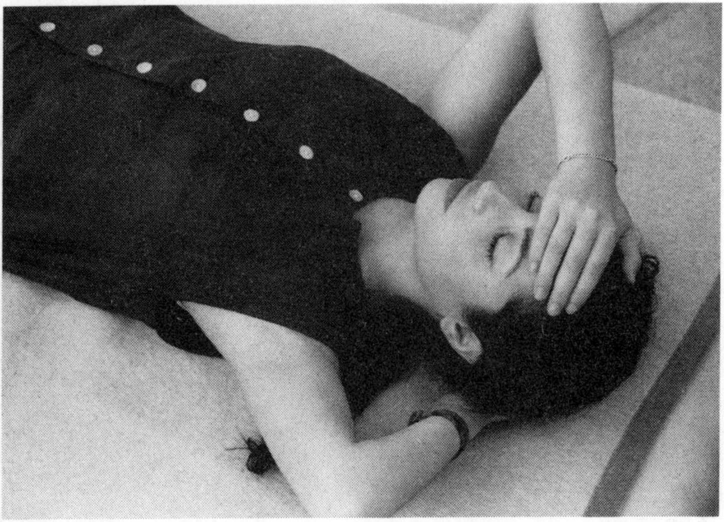

Abb. 5 ▲ Abb. 6 ▼

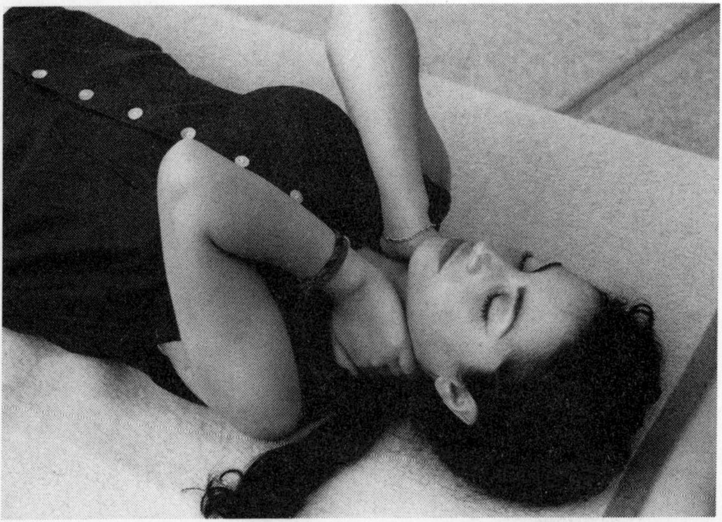

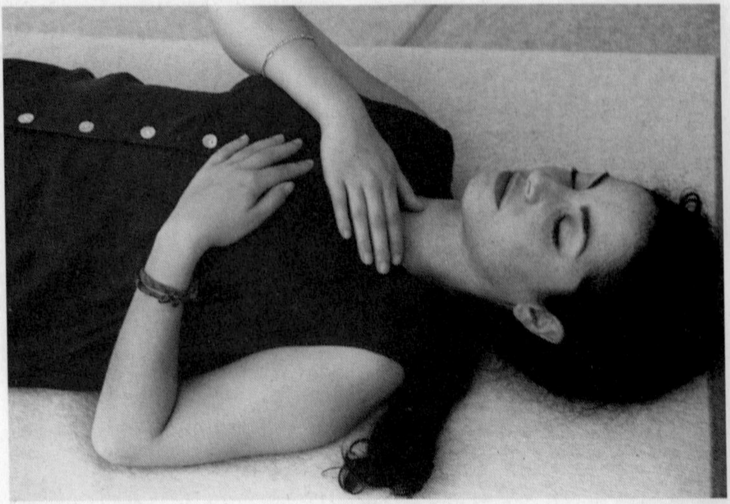

Abb. 7

Abb. 4
4. Kopfposition
Beide Hände liegen unter dem Hinterkopf.
Sehr wohltuend für Entspannung, für Geborgenheit und Loslassen, sehr gut bei Einschlafproblemen.

Abb. 5
5. Kopfposition
Eine Hand bleibt unter dem Kopf liegen, die andere geht vor zur Stirn.
Sehr wohltuend bei Kopfschmerzen, Ermüdung und Streß.
Unterstützt das Visualisieren und schafft klare Gedanken.

Abb. 6
6. Kopfposition
Beide Hände berühren den Hals, so wie es sich angenehm anfühlt.

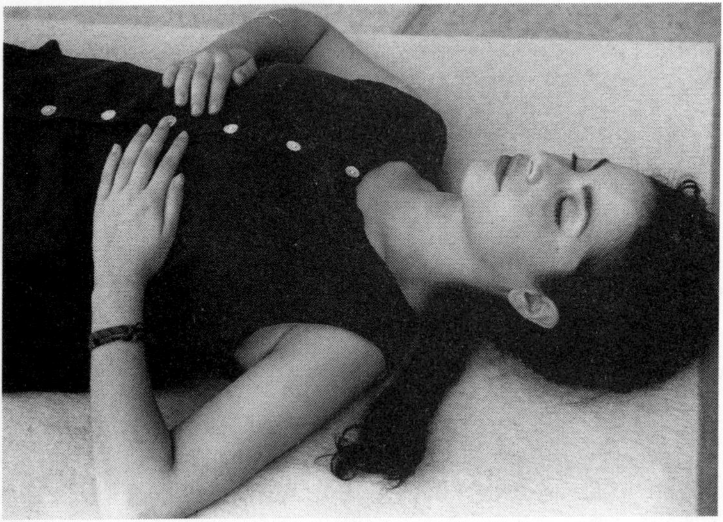

Abb. 8 ▲ Abb. 9 ▼

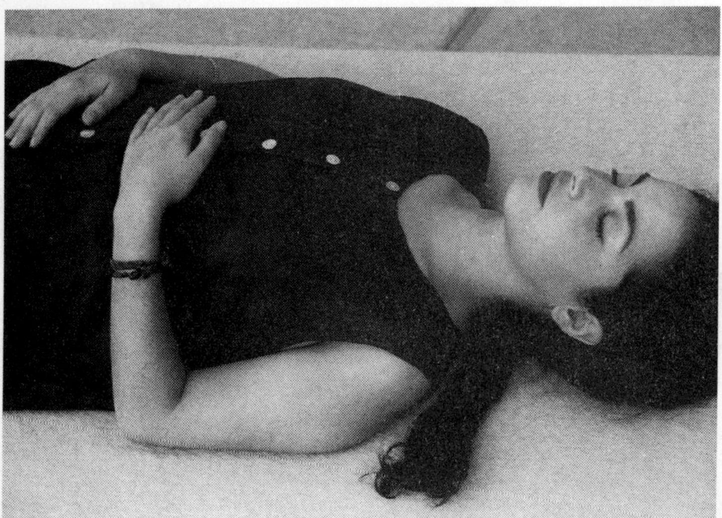

Regt den Stoffwechsel an, stärkt und entspannt die Stimmbänder, gibt innere Gelassenheit.
Wohltuend bei Halsschmerzen und Erkältung.

Abb. 7
1. Vorderposition
Eine Hand liegt auf der Thymusdrüse, die andere in der Mitte der Brust (Herz).
Stärkt das Immunsystem, das Herz, löst seelische Blockaden. Stärkt Liebesfähigkeit, bringt in die Mitte, schafft Ausgleich bei Wut und Ärger.

Abb. 8
2. Vorderposition
Beide Hände liegen unterhalb der Brust auf.
Es fließt Energie zu Leber, Magen und Verdauung.
Sehr wohltuend bei Erschöpfung und Streß.

Abb. 9
3. Vorderposition
Eine Hand liegt auf dem Sonnengeflecht (Magen) auf, die andere auf dem Bauch.
Entspannt Magenbereich und Bauchorgane, aktiviert das Gefühlsleben, beruhigt bei Schock und Aufregung.
Sehr wohltuend bei seelischen Problemen.

Abb. 10
4. Vorderposition
Beide Hände liegen auf den Leisten.
Entspannt den Unterbauch, stärkt die Sexualorgane.
Sehr wohltuend bei Migräne, Streß, Ängsten.
Verstärkt Handlungsfähigkeit, Erdung und Vitalität.

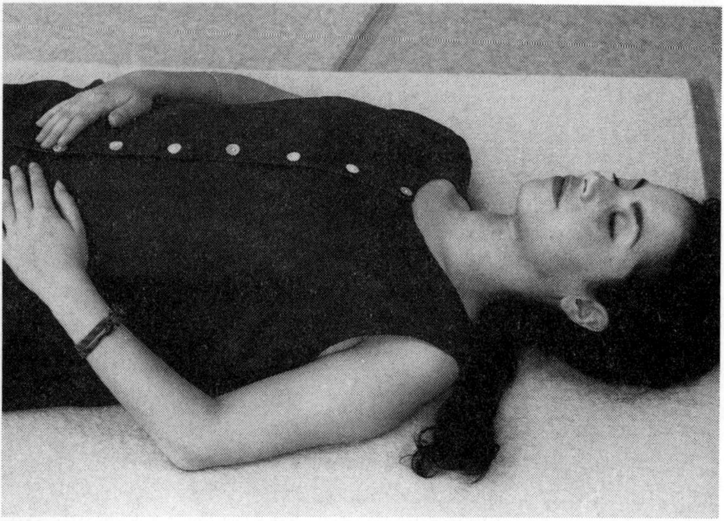

Abb. 10

Partneranwendung

Sind Sie glücklich, wenn Sie einen Partner haben, der Sie mit Reiki verwöhnt. Genauso glücklich dürfen Sie sich schätzen, wenn Sie Ihren Partner mit Reiki verwöhnen dürfen. Machen Sie Ihren Feierabend zu einem Entspannungserlebnis, und tanken Sie mit Reiki neue Energie. Wenn Sie Ihrem Partner Reiki geben, fühlen Sie sich auf eine ganz besondere Art und Weise mit ihm verbunden. Sie spüren eine tiefe, innere Verbundenheit mit ihm, ohne dabei irgendein Wort wechseln zu müssen. Auch Sie als Reiki-Kanal kommen nach einigen Minuten des Gebens in ein tiefes Losgelöstsein vom Alltag. Genauso wie Ihr Partner tanken Sie dabei Energie, und Sie können ein intensives Glücksgefühl empfinden. Sie erleben Ihre Beziehung auf einer neuen Ebene. Manche Teilnehmer beschreiben diesen Zustand, als hätten sie einen »neuen«

Partner bekommen. Reiki bewirkt außerdem, daß Sie Liebe und Harmonie in der Partnerschaft mehr zulassen können und Sie dadurch eine viel gefühlvollere Beziehung leben. Was ich bei meinen Teilnehmern in den Jahren beobachte ist, daß sie in ihrer Beziehung viele Aspekte dazugewinnen. So haben z. B. manche Paare über Reiki wieder zusammenfinden können. Es ist leicht möglich, eine Brücke zum anderen wiederzufinden und eine Beziehung neu zu definieren. Manche Paare beginnen durch den Einfluß von Reiki wieder miteinander zu kommunizieren, so daß sie nach oft jahrelanger »Funkstille« wieder miteinander sprechen. Das Miteinander-Reden ist das A und O einer gut funktionierenden Beziehung. Falls Sie eine gute Kommunikation in Ihrer Beziehung erreichen möchten oder Ihre jetzige verbessern möchten, hier ein paar Tips:

1. Halten Sie beim Mitteilen Blickkontakt, vielleicht sogar Körperkontakt.
2. Legen Sie beim Sprechen eine Hand auf das Herz (Reiki-Position) – in die Mitte der Brust.
3. Atmen Sie ruhig und entspannt.
4. Formulieren Sie Ihre Mitteilung als »Ich-Botschaft«: »Ich fühle mich verletzt« statt »Du hast mich verletzt«.
5. Formulieren Sie Ihre innere Wahrheit, die Sie jetzt empfinden, kurz und prägnant, und teilen Sie nur diese dem anderen mit.
6. Teilen Sie sich so lange mit, bis Sie sich mit dem anderen wieder in Kontakt fühlen.

Diese Form des Mitteilens dauert meistens nur kurze Zeit, da das »Geschichteerzählen« dabei wegfällt. Außerdem geschehen keine Schuldzuweisungen (wie »Du bist ...« und ähnliches). So braucht der andere sich nicht zu verteidigen und zu rechtfertigen.

Insgesamt wird Reiki-Energiearbeit nicht nur in der Partnerschaft, sondern in allen zwischenmenschlichen Beziehungen als eine große Bereicherung empfunden. So gelten die folgenden Anleitungen sowohl für die Anwendung beim Lebenspartner als auch für jede Reiki-Anwendung bei anderen Menschen.

Reiki-Partneranwendung (im Liegen)

Abb. 11
1. Kopfposition
Reiki-Geber (RG) legt beide Hände mit ca. 5 cm Abstand über das Gesicht des Reiki-Empfängers (RE).
Gut zur Entspannung der Stirn, Augen, Nase, Mundbereich und Haut.
Hilft bei Angespanntheit, Konzentrationsschwierigkeiten, Müdigkeit und Schnupfen.

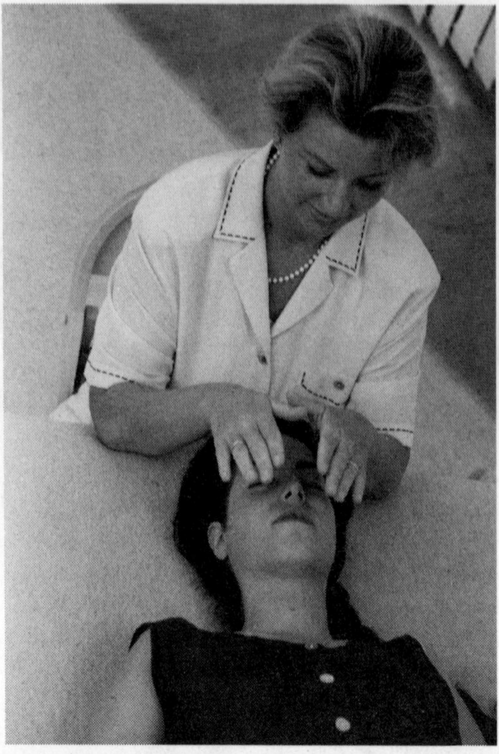

Abb. 11

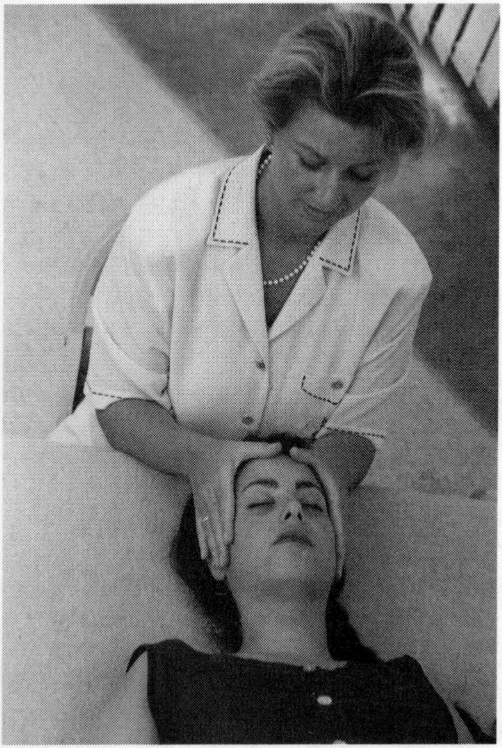

Abb. 12

Abb. 12

2. Kopfposition

RG legt beide Hände sanft links und rechts auf die Schläfen, beide Daumen sind in der Mitte der Stirn.

Gut bei Konzentrationsschwierigkeiten, Kopfschmerzen, zur Verbindung und Aktivierung der beiden Gehirnhälften, Entspannung.

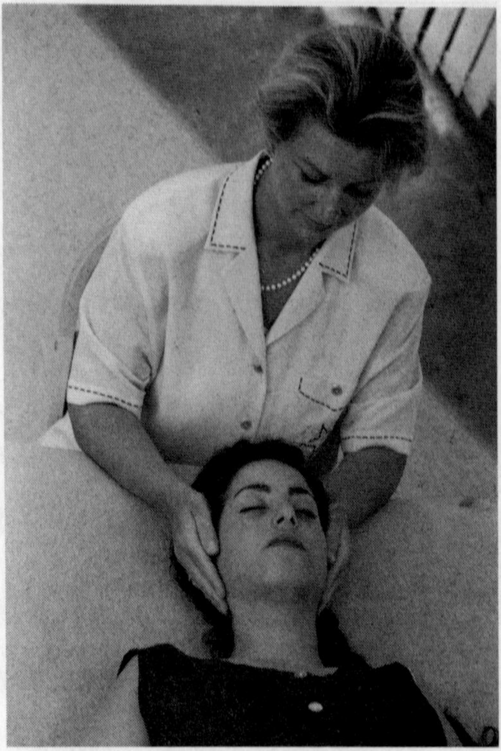

Abb. 13

Abb. 13

3. Kopfposition

RG legt beide Hände sanft links und rechts auf die Ohren.
Über die Ohren werden durch die Ohr-Akupunkturpunkte viele Organe angesprochen (Herz, Darm, Niere, Lunge, Magen, u. a.).
Wohltuend bei Ohrkrankheiten wie bei Erkältung, Grippe, Ohrenschmerzen, Ohrgeräusche. Erholsam bei zuviel Lärm von außen und Geräuschempfindlichkeit.

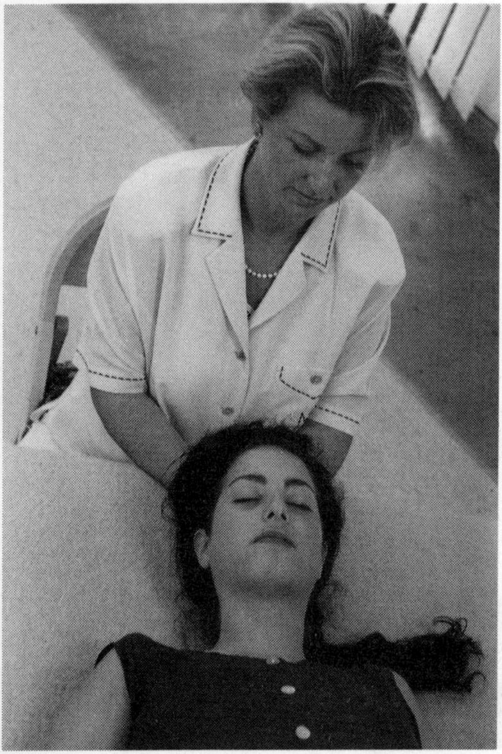

Abb. 14

Abb. 14
4. Kopfposition
RG führt beide Hände unter den Hinterkopf des RE.
Wohltuend bei Erschöpfung, fördert »Loslassen der Gedanken«, kräftigt Gehirn, Rückenmark und Augen.
Hilft bei Einschlafproblemen und stärkt beide Gehirnhälften.

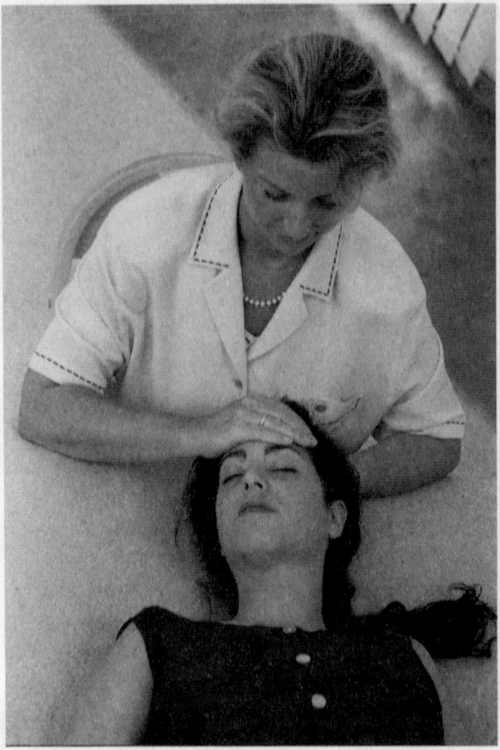

Abb. 15

Abb. 15

5. Kopfposition

Eine Hand des RG bleibt unter dem Kopf, die andere liegt auf der Stirn des RE.

Sehr wohltuend bei Kopfschmerzen, löst dichte und wirre Gedanken, wirkt sehr entspannend im Kopfbereich.

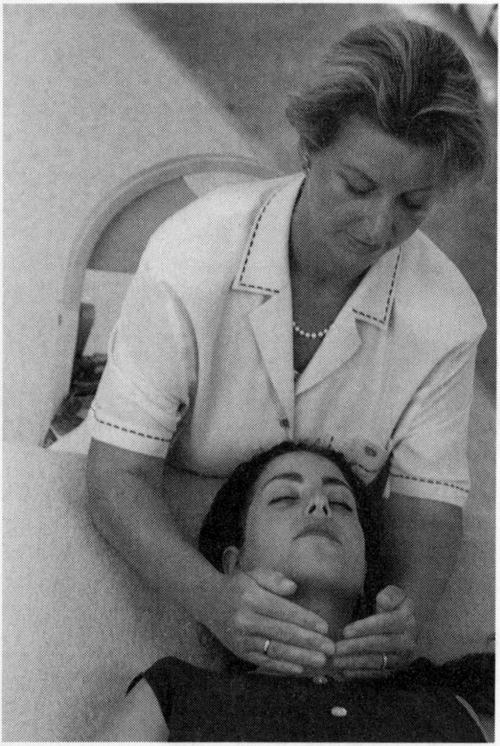

Abb. 16

Abb. 16

6. Kopfposition

RG hält beide Hände mit ca. 5 cm Abstand über den Hals. Stärkt Kehlkopf-Chakra, Schilddrüse (Stoffwechsel), gut bei Halsschmerzen, Heiserkeit und Überanstrengung der Stimme, kräftigt Stimmbänder.

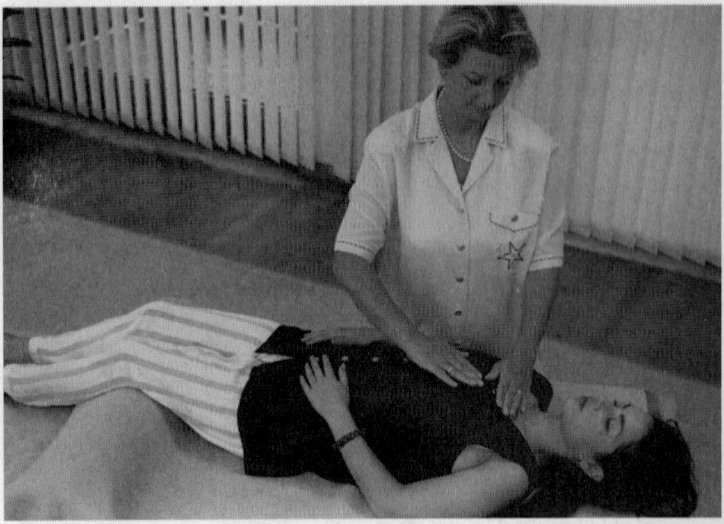

Abb. 17

Abb. 17
1. Vorderposition
RG legt eine Hand in die Mitte der Brust (Herz-Chakra), die andere Hand auf die Thymusdrüse des RE (T-Position).
Regt das Immunsystem an, stärkt Herz und Lunge.
Löst Emotionen wie Liebe, Mitgefühl, Trauer.

Abb. 18
2. Vorderposition
RG legt beide Hände unterhalb der Brust sanft auf.
Regt Verdauung an, stärkt Leber, Gallenblase und Milz.
Hilft bei depressiven Verstimmungen.

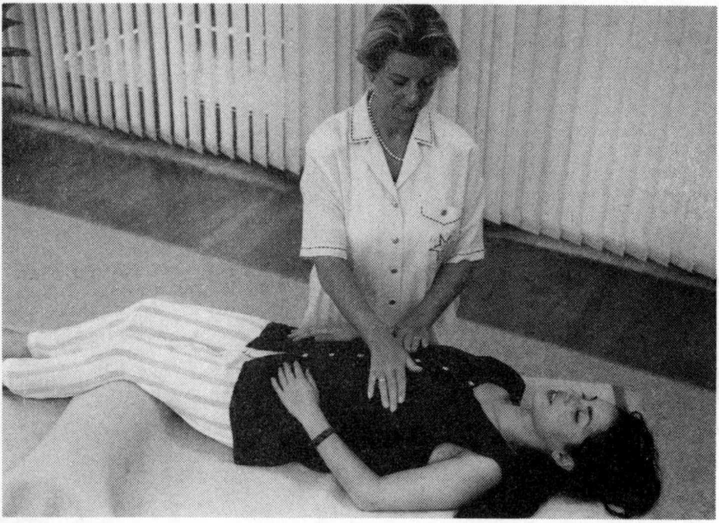

Abb. 18 ▲ Abb. 19 ▼

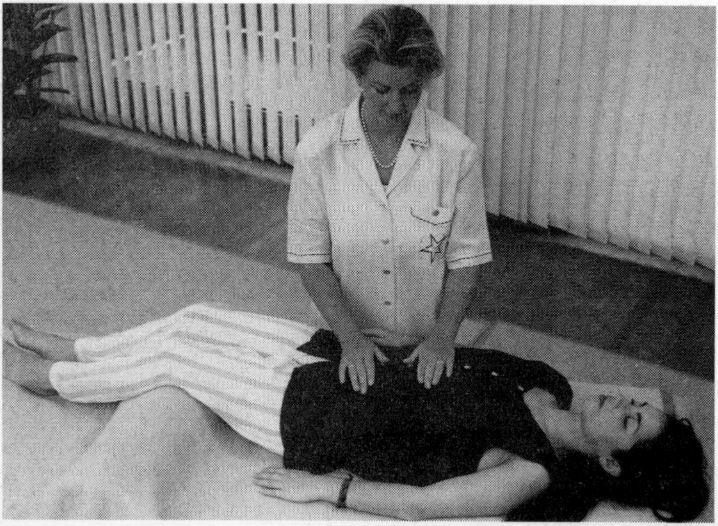

Abb. 19
3. Vorderposition
Eine Hand des RG berührt sanft das Sonnengeflecht, die andere Hand den Bauch des RE.
Entspannt den Magenbereich, den Verdauungsbereich.
Stärkt und löst Gefühle.
Wohltuend und beruhigend im seelischen Bereich.

Abb. 20
4. Vorderposition
Beide Hände des RG liegen sanft auf beiden Leisten des RE (V-Position).
Stärkt Unterleibs- und Sexualorgane, regt die Verdauung an.
Fördert »Erden«, Selbstbewußtsein, Tatkraft und Kreativität.

Abb. 20 ▼

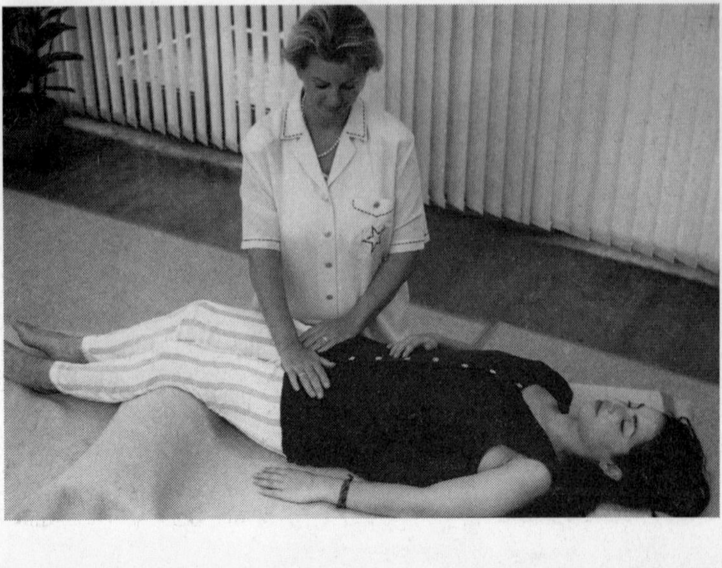

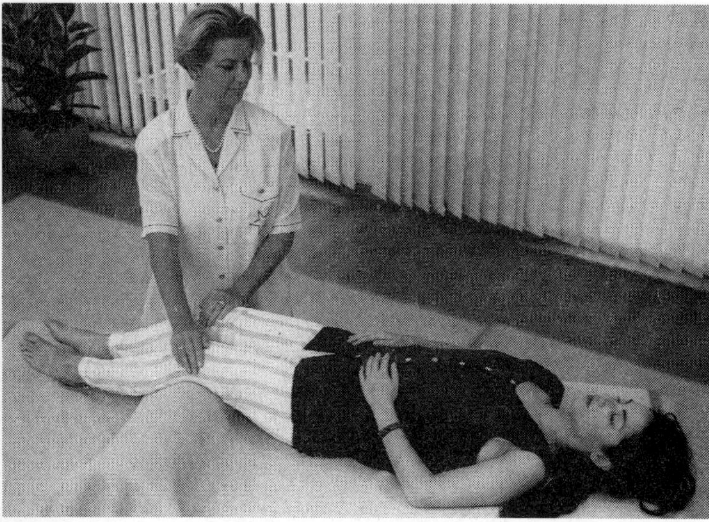

Abb. 21 ▲

Abb. 21
5. Vorderposition
RG legt beide Hände auf die beiden Knie des RE.
Löst Energieblockaden in den Knien, wirkt schmerzlindernd, unterstützt das »Vorangehen« im Leben.

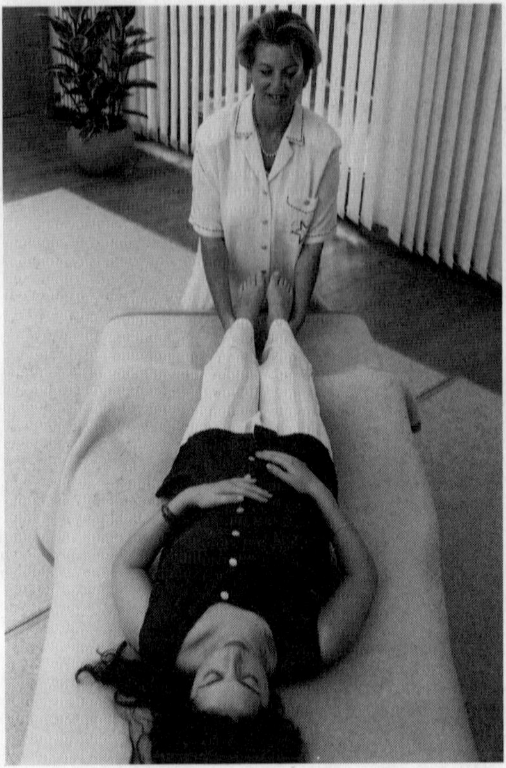

Abb. 22

Abb. 22

6. Vorderposition

RG nimmt beide Füße in die Hände (z. B. unter den Fersen, den Knöchel umschließend, auf Fußsohle und Fußrücken). Wohltuend bei Kopfschmerzen, »kalten Füßen«.
Über die Fußakupunkturpunkte werden der Kopfbereich, der Oberkörper und das Becken angeregt.
Läßt sich gut mit Fußreflexzonenmassage verbinden.

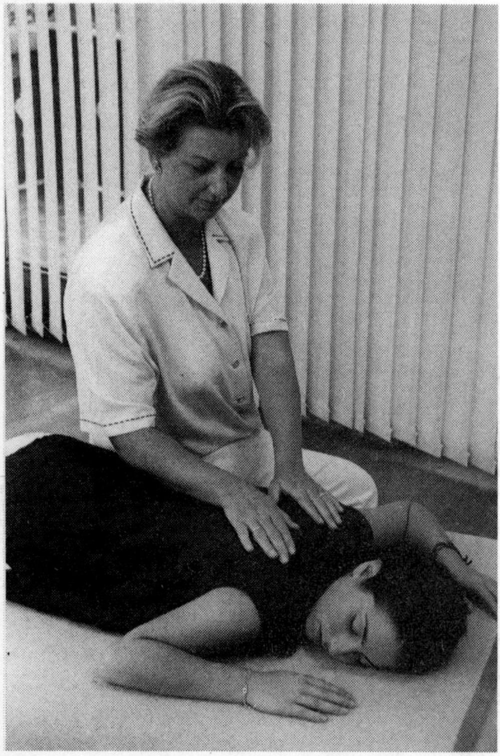

Abb. 23

Abb. 23
1. Rückenposition
Der RG legt beide Hände auf die Schultern des RE.
Wirkt sehr entspannend, löst Verspannungen und Schulterschmerzen, stärkt das Selbstbewußtsein, hilft bei Rückenproblemen.

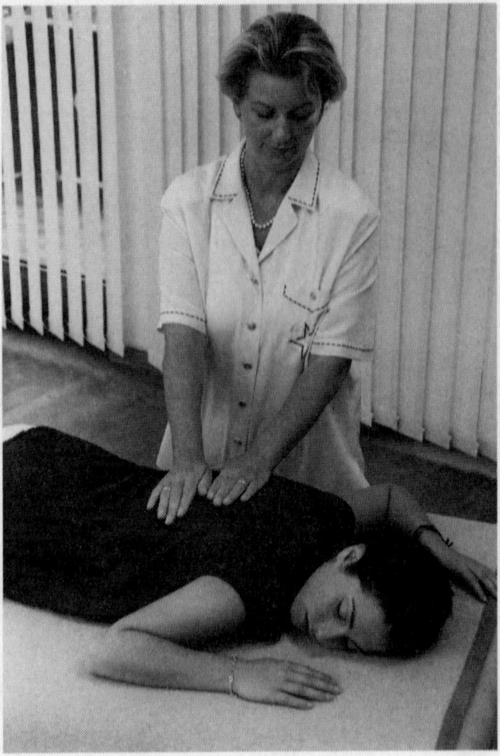

Abb. 24

Abb. 24

2. Rückenposition

Beide Hände des RG liegen zwischen den Schulterblättern auf dem mittleren Rücken des RE.

Kräftigt und entspannt den Atembereich, stärkt das Herz und den Kreislauf.

Aktiviert Liebesfähigkeit, Vertrauen und Loslassen.

Gut bei Bronchitis, Grippe, Husten.

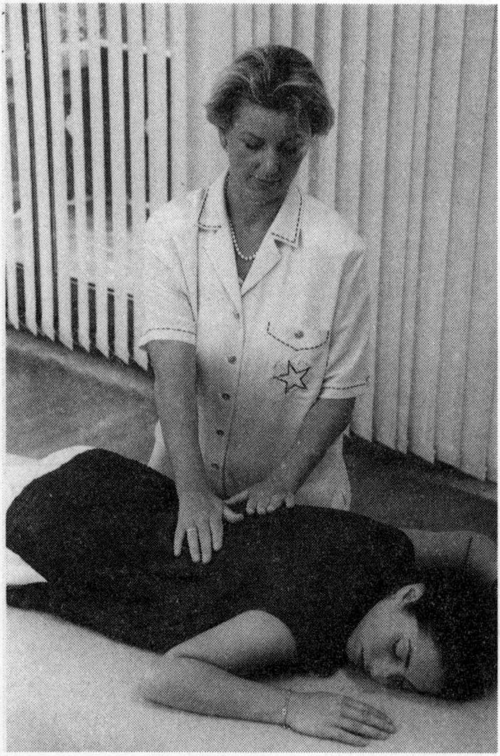

Abb. 25

Abb. 25

3. Rückenposition

Der RG legt seine Hände sanft auf beide Nieren des RE.
Kräftigt Nieren und Nebennieren.
Steigert die Beziehungsfähigkeit, Entspannung bei Erschöpfung, fördert das Loslassen.
Unterstützung beim Fasten.

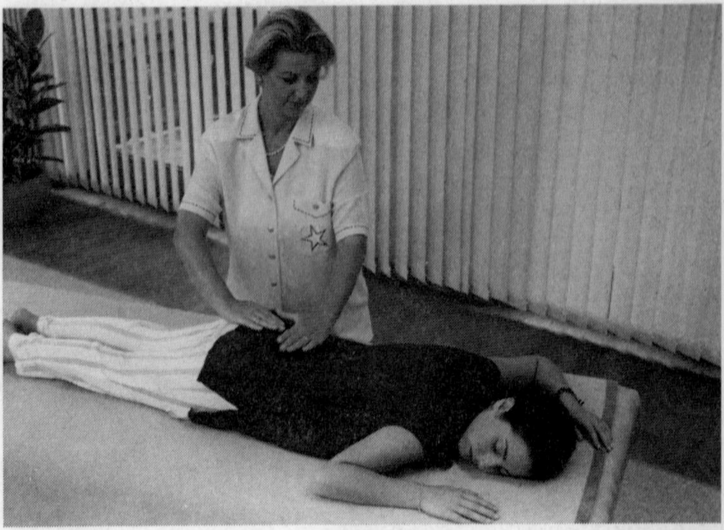

Abb. 26

Abb. 26

4. Rückenposition

Der RG legt in der T-Form seine Hände auf das Energiezentrum des Steißbeines.

Wohltuend bei Rückenschmerzen (auch in der Schwangerschaft), stärkt Nieren und Sexualorgane, regt die Verdauung an.

Dient der »Erdung« – stärkt damit Tatkraft, Handeln und Vitalität.

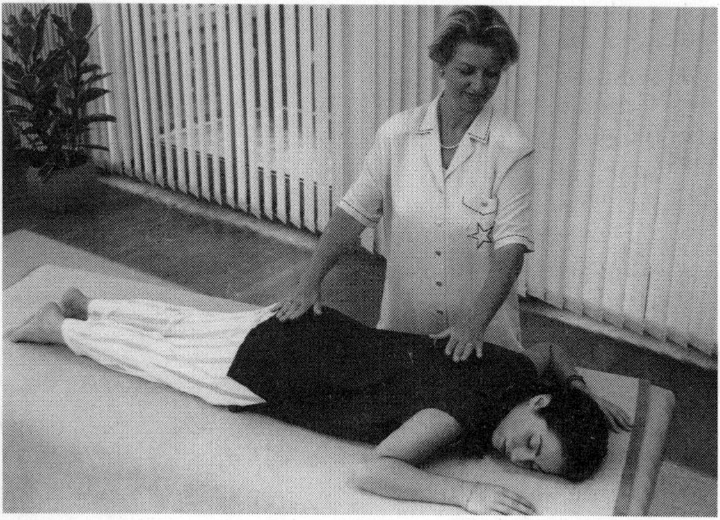

Abb. 27

Abb. 27
Der Chakren-Ausgleich
RG hält die rechte Hand auf das Steißbein-Chakra, die linke Hand von hinten mit etwas Abstand auf das Herz-Chakra. Dient zum Beenden der Partneranwendung, zum Ausgleich der Energie, zum Danken und Abrunden der Anwendung. Danach werden die Hände sanft aufgelegt und mit einigen Ausstreichbewegungen die Anwendung beendet.

Allgemeine Regeln zur Partneranwendung

1. Nehmen Sie sich mit dem anderen mindestens eineinhalb Stunden Zeit.
2. Sorgen Sie für Ruhe.

3. Beide haben bequeme, eher weite, atmungsaktive Kleidung an.
4. Waschen Sie sich vor und nach Anwendung die Hände.
5. Nehmen Sie den Schmuck, der Sie stört, ab.
6. Der Empfänger liegt entspannt (z. B. auf einer Massageliege oder einem Ausziehtisch mit Decke), hat die Beine und Füße gerade und die Schuhe ausgezogen.
7. Legen Sie eine Musik auf, die Ihnen beiden gefällt.
8. Wählen sie eine für Sie angenehme Sitzhöhe.
9. Legen Sie Ihre Hände leicht auf, die Finger sind dabei locker aneinandergelegt.
10. Gehen Sie systematisch, meistens am Kopf beginnend, alle Positionen durch (pro Position etwa drei Minuten). Legen Sie Ihre Hände am Schluß nochmals da auf, wo der Empfänger zusätzlich Energie möchte.
11. Sprechen Sie möglichst erst nach der Anwendung mit dem Empfänger, aber fragen Sie dennoch zwischendurch kurz nach seinem Empfinden.
12. Wenn der Empfänger während der Behandlung einschläft, lassen Sie ihn schlafen – er ist gut entspannt.
13. Ihre Hände werden sich beim Auflegen wahrscheinlich unterschiedlich anfühlen. Das ist richtig, denn die Energiemenge richtet sich nach dem individuellen Bedarf des Empfängers.
14. Lassen Sie die Energie einfach fließen, überlassen Sie alles der »höheren Heilintelligenz«.
15. Erlauben Sie sich selbst, dabei in die Entspannung zu gehen; je weniger Sie dabei nachdenken, desto besser!
16. Gestatten Sie dem Empfänger, sich nach der Reiki-Anwendung mitzuteilen. Wenn dabei Emotionen aufsteigen, lassen Sie Raum dafür.
17. Teilen Sie dem Empfänger nach der Anwendung mit, was Sie während der Stunde empfunden und wahrgenommen haben. Wichtig dabei ist, daß Sie in der »Ich«-Form zu ihm sprechen, wie: »Ich hatte an dieser Stelle folgen-

de Wahrnehmung ...«. Vermeiden Sie Formulierungen wie: »Du hast/Sie haben ...«.
ACHTUNG: Keine Bewertungen machen oder Diagnosen stellen!
18. Weisen Sie den Empfänger darauf hin, daß ein Reinigungsprozeß folgen kann (z. B. verstärkter Harndrang, Schwitzen oder intensives Träumen).
19. Empfehlen Sie ihm, sich noch mindestens zwei Anwendungen geben zu lassen. Erst ab dann ist der volle Erfolg von Reiki-Anwendungen auf allen Ebenen spürbar.
20. Bevor der Empfänger geht, weisen Sie ihn darauf hin, daß er Sie, falls Fragen auftauchen, jederzeit anrufen kann.

Die Anwendung dauert ein- bis eineinhalb Stunden, wenn Sie das Gespräch vor- und nachher miteinbeziehen.

Gruppenanwendung

Seit ich Reiki-Lehrerin bin, biete ich in unserem Seminarraum »offene Reiki-Abende« an. Hier besteht die Möglichkeit, sich von einer Gruppe Reiki geben zu lassen und sich aufzutanken. Alle genießen an diesem Abend die wohlige Atmosphäre und die netten Menschen, die kommen. Mal sind es zehn und ein anderes Mal über zwanzig Teilnehmer. Ich lade auch Menschen ein, die Reiki und mich erst einmal kennenlernen möchten, und es ist immer eine frohe und offene Runde beieinander. Diejenigen, die noch keine Reiki-Einweihungen haben, bekommen von mir eine Kurzeinstimmung (die Herzöffnung), die den auf diese Weise Eingestimmten für einige Tage auf einem höheren Energieniveau sein läßt. Viele berichten mir, daß gerade ihre allererste Einstimmung eine ihrer intensivsten gewesen wäre.

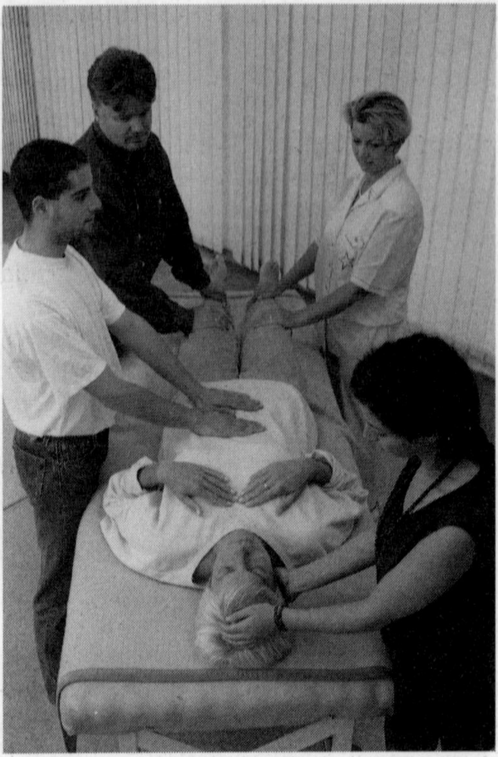

Abb. 28

Abb. 28

Reiki-Gruppenanwendung

Mehrere Personen legen gleichzeitig die Hände auf die bekannten Körperpositionen. Dadurch wirkt die Energie verstärkt und die Reiki-Gabe kann zeitlich verkürzt werden.

So können dann alle bei der Gruppenanwendung mitmachen und dem anderen Energie übertragen. Ich teile die Gruppen (ungefähr à sechs Personen) ein. Immer eine Person aus jeder Gruppe liegt. Ein Teilnehmer führt die Kopfpositionen aus, einer die Fußpositionen und die anderen drei geben die Vorder-, bzw. Rückenpositionen gleichzeitig. Wir geben 10–15 Minuten Reiki pro Person, da ja jeder Reiki bekommen möchte.

Diese relativ kurze Zeit ist sehr wirkungsvoll, da viele »Reiki-Kanäle« gleichzeitig ein starkes Kraftfeld bilden. Die Energien der einzelnen Teilnehmer potenzieren sich, und es entsteht eine hohe Konzentration der Energie in den Gruppen für jeden einzelnen. Für mich ist es immer ein schönes Erlebnis, all die Menschen im Raum in sich ruhend und entspannt wahrzunehmen, sie anzusehen und zu bemerken, wie schön ihre Gesichter dann sind. Oft huscht durch meinen Kopf der Gedanke: »Warum kann es nicht immer so friedlich sein?«

Am Ende der Gruppenbehandlung wird noch schweigend im Stuhlkreis Platz genommen, und ich beende mit einer fünfzehnminütigen Entspannungsmeditation unseren Abend. Meistens sind alle Teilnehmer nach diesen zwei Stunden so bei sich und »aufgeladen«, daß sie sich nur ungern wieder von der Gruppe trennen möchten. Doch auch diejenigen, die noch eine längere Autofahrt vor sich haben, sind ausgeruht und aufgetankt dafür.

Kurzanwendung beim Partner

Abb. 29
»Sandwichpositionen« – Schnellenergiepositionen (im Sitzen)
Beide Hände des RG nehmen den Kopf des RE, eine Hand liegt auf der Stirn, die andere liegt am Hinterkopf.
Sehr erholsam bei Streß, Müdigkeit, konfusen Gedanken, Konzentrationsmangel, Kopfschmerzen.

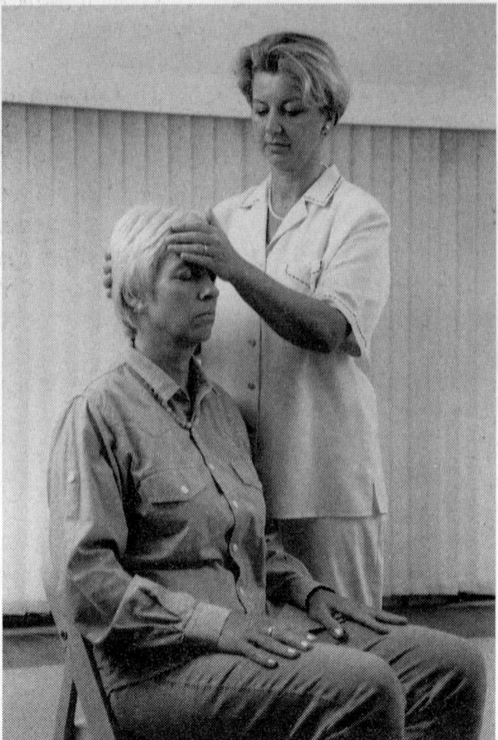

Abb. 29

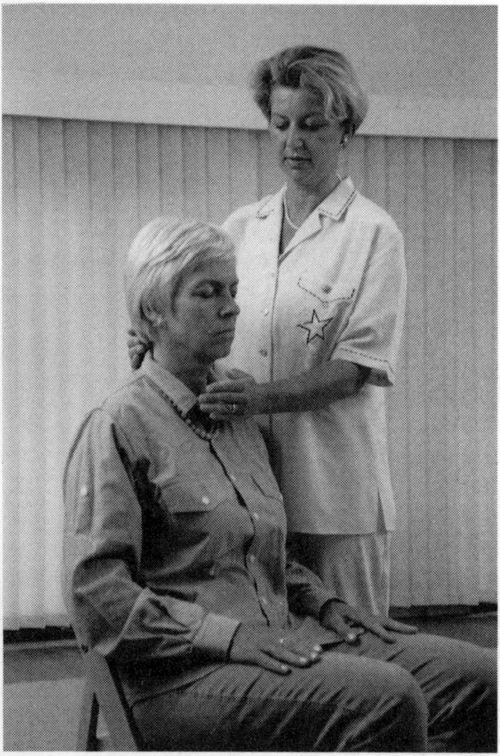

Abb. 30

Abb. 30
Der RG hält mit etwas Abstand eine Hand vor den Kehlkopf, die andere Hand berührt den Nacken.
Sehr entspannend im Nackenbereich, regt den Stoffwechsel an.

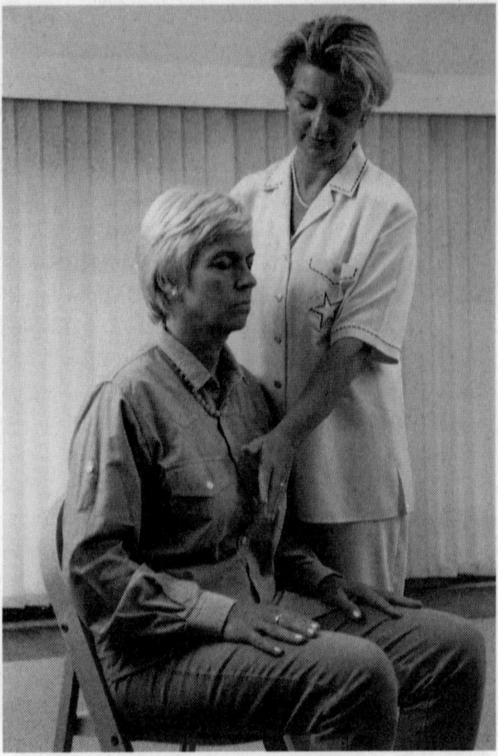

Abb. 31

Abb. 31
Der RG hält eine Hand mit etwas Abstand auf das Herzzentrum des RE, die andere Hand berührt die Herzregion hinten. Stärkt den Kreislauf, entspannt und stimmt positiv.

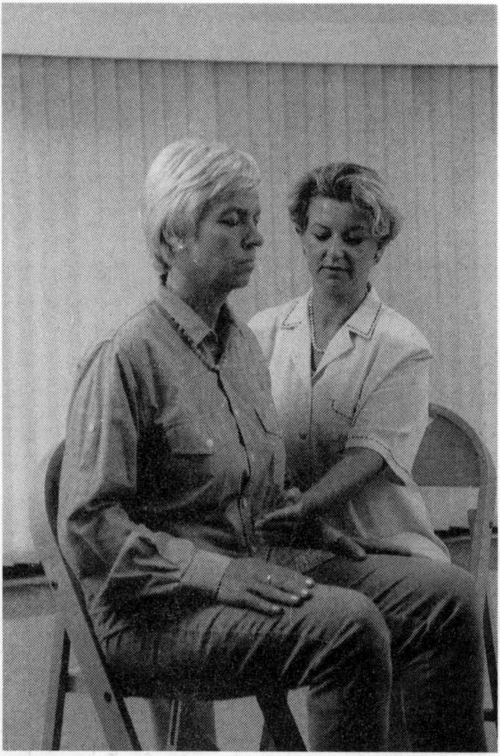

Abb. 32

Abb. 32
Der RG hält eine Hand mit etwas Abstand oder dicht auf das Sonnengeflecht des RE, mit der anderen Hand berührt er das Ende der Wirbelsäule hinten.
Gibt neue Vitalkraft, entspannt und stärkt das Selbstbewußtsein.

Reiki mit Kindern

Eure Kinder sind nicht eure Kinder.
Sie sind die Söhne und Töchter der
Sehnsucht des Lebens nach sich selbst ...
Ihr seid die Bögen, von denen eure Kinder
als lebende Pfeile ausgeschickt werden.
Der Schütze sieht das Ziel auf dem Pfad
der Unendlichkeit, und er spannt euch
mit seiner Macht, damit seine Pfeile
schnell und weit fliegen.
Laßt euren Bogen von der Hand des
Schützen auf Freude gerichtet sein;
denn so wie er den Pfeil liebt, der fliegt,
so liebt er auch den Bogen, der fest ist.
(Khalil Gibran)

Als ich begann, dieses Kapitel zu schreiben, war ich mit meiner Familie gerade im Urlaubsparadies Mallorca. Im letzten Drittel unseres Aufenthaltes ist unser jüngster Sohn (5 Jahre) in eine Glasscherbe getreten. Es folgten Arztbesuch, Verband, zwei Tage ohne Badengehen für ihn. Sehr unterstützt hat ihn, daß mein Mann ihm durch den Verband Reiki gegeben hat. Die Wunde heilte sehr schnell, eiterte nicht, und er genoß die psychologische Zuwendung. Am übernächsten Tag konnte er schon wieder in das Wasser zum Baden.

Kinder reagieren außergewöhnlich gut auf Reiki. Ein ausgeglichenes, gesundes Kind mag höchstens ein paar Minuten bei Reiki ruhig liegenbleiben. Da ist es sinnvoller, wenn Sie es z. B. nach dem Duschen eincremen, es streicheln und so oft es geht berühren. Denn auch da fließt Reiki immer durch Ihre Hände zum Kind. Ein krankes Kind läßt sich gerne mit Reiki betreuen. Oftmals bitten die Kinder darum, weil sie spüren, wie gut es tut. Gerade wenn Ihr Kind von der Erkrankung geschwächt im Bett liegt, ist das eine sehr gute Möglichkeit, mit Ihren Händen Reiki anzuwenden, es so zu stärken und ihm dadurch Nähe und Zuwendung zu geben. Wenn Ihr Kind unter Einschlafstörungen leidet, so halten Sie ihm beim Vorlesen die Hand oder legen Sie ihm Ihre Hände irgendwo am Körper auf. Sie geben ihm durch die Berührung die Möglichkeit, innerlich loszulassen. Auch Sie werden spüren, daß Sie dabei ruhig werden und ihm dadurch die nötige Sicherheit und Ruhe vermitteln können. So fällt es Ihrem Kind leichter, »loszulassen« und sich dem Schlaf hinzugeben. Nützen Sie diese Momente vor dem Einschlafen auch als Möglichkeit, mit Ihrem Kind über Dinge, die ihm wichtig sind, zu sprechen. Lassen Sie ihm den Raum, sich über seine Themen mitzuteilen, und bemühen Sie sich um einen friedlichen Abschluß des Tages mit Ihrem Kind. Dabei unterstützt Sie die Reiki-Energie sehr, denn sie erleichtert Ihnen beiden, sich innerlich »fallenzulassen«. Wenn Ihr Kind unter einer Erkrankung der Atemwege leidet und Sie tagsüber keinen Zugang zu ihm finden, um ihm Reiki zu geben, dann legen Sie ihm nachts, wenn es schon schläft, beide Hände sanft auf die Brust und lassen so die Energie einwirken. Die Energieübertragung löst Verkrampfungen und den Schleim, die Wärme verhilft zur Entspannung und Heilung. Das gleiche können Sie auch tun, wenn Sie die Hände mit ungefähr 5 cm Abstand über die Brust des Kindes halten. Ihr Kind wird wohlig schlafen.

Kinder sind selbst gute Energieüberträger. Sie haben weiche, warme, oftmals sogar heiße Hände. Vielen Kindern macht es sehr viel Spaß, wenn sie Reiki geben dürfen. Je unkomplizierter Kinder mit dieser Thematik in Kontakt kommen, desto besser. In meinen Reiki-Abenden und -Seminaren sind öfters Kinder dabei. Die Erwachsenen genießen die Kinderhände sehr, und die Kinder fühlen sich anerkannt und wohl. Falls Kinder kranke Tiere haben, so legen sie bei ihren Tieren die Hände auf. Genauso kann es sein, daß Ihr Kind Ihnen Reiki geben möchte, wenn es spürt, daß Sie erschöpft sind oder z. B. Kopfschmerzen haben. Nehmen Sie es dankbar an – Reiki von Kindern zu bekommen, ist ein wahrer Genuß!

Ich empfehle Schulkindern, bei sich selbst Reiki anzuwenden, z. B. wenn sie aufgeregt sind vor Klassenarbeiten. Sie können sich selbst Ruhe vermitteln, wenn sie kurz einige Minuten vorher auf ihrem Platz die Kurzentspannung (siehe S. 104ff.) anwenden. Bei Kindern und Jugendlichen gibt es unendlich viele Möglichkeiten, Reiki in verschiedenen Situationen auszuprobieren. Sie werden viel Freude dabei erleben.

Reiki mit alten Menschen

Wenn Sie, lieber Leser, einen alten Menschen zu betreuen oder zu pflegen haben, wird Ihnen Reiki sehr zugute kommen. Im Alter ist Berührung mit den Händen genauso wichtig wie in jungen Jahren. Manchmal denke ich, daß sich in den letzten Jahren des Lebens der Kreis wieder schließt. Das Bedürfnis, versorgt zu werden und Nähe zu spüren, ist dem eines Kindes sehr ähnlich. Reiki-Anwendungen werden sehr dankbar und positiv aufgenommen. Der Körper entspannt sich und tankt auf, und es scheint, als blühe im alten Menschen noch einmal etwas auf. Wenn man als alter Mensch die Reiki-Einweihungen bekommt, ist das eine große Bereicherung für den letzten Lebensabschnitt.

Eine Teilnehmerin von mir, Carla (65 Jahre), hat etwa vor drei Jahren mit dem I. Reiki-Grad begonnen und hat inzwischen den Meistergrad erworben. Ihr persönlicher Prozeß beeindruckt mich sehr stark. Sie hatte von Anfang an das Gefühl, innerlich »heimgekommen« zu sein. Sie beschreibt es, als wäre ein Licht in ihr angezündet worden. Sie begann auch, dieses innere Strahlen immer mehr nach außen abzugeben, so daß sie von ihrer Umgebung oftmals danach gefragt wird. Heute gibt sie mit voller Begeisterung anderen Menschen Reiki-Anwendungen, und ihre ganze Lebensqualität hat sich sehr zum Positiven verändert. Sie hat einen für sie wichtigen Freundeskreis aufgebaut und spürt innerlich, daß sie gebraucht wird. Sie ist in ihrem Alter höchst erfüllt und voller Zufriedenheit. Vor allen Dingen hat sie heute den Mut, Dinge anzugehen und umzusetzen, die sie vor einigen Jahren nicht getan hätte. Sie hat durch Reiki wieder innere Ziele gefunden und empfindet ihr Leben als lohnenswert und sinnvoll.

Die Lebensenergie fließt in alle Bereiche des Seins. Der Prozeß, im Alter erfüllt sein Leben zu leben, um dann schließlich in Frieden Abschied zu nehmen, kann so unterstützt durch Reiki-Energie aktiv stattfinden.

Reiki in unterschiedlichen Lebensphasen

Kennen Sie das positive Gefühl, einen guten Freund im Leben zu haben? Eine treue Begleitung zu erleben, gerade dann, wenn es einem nicht so gut geht? So ähnlich erlebe ich selbst Reiki in den verschiedenen Phasen meines Lebens –, und das gleiche beobachte ich bei Kursteilnehmern, die mit Reiki in Verbindung stehen.

Schwangerschaft

Viele werdende Mütter nutzen die entspannende und tiefe Wirkung der Reiki-Energie. Und manchen mir bekannten Frauen hat Reiki schon im Vorfeld geholfen, sich für eine Schwangerschaft zu öffnen. Bei einigen Frauen war der Kinderwunsch bisher unerfüllt geblieben. Sie besuchten ein I. Grad-Reiki-Seminar für ihr eigenes Wohlbefinden, und mir war das Thema »Kinderwunsch« gar nicht bekannt. Wenige Wochen später hatte ich eine überglückliche werdende Mutter am Telefon. Ich bin überzeugt, daß durch das »Weichwerden« und Loslassen beim Reiki-Seminar die innere Bereitschaft, ein Kind zu empfangen, wächst. Heute weiß man ja, daß bei unerfülltem Kinderwunsch auch das Seelenleben der Paare eine große Rolle spielt. So erlebe ich, daß Reiki eine Harmonisierung der inneren Energien bewirkt und so eine Öffnung für eine Schwangerschaft stattfinden kann.

Ich selbst hatte in meinen beiden Schwangerschaften die Gelegenheit, mir selbst die Hände aufzulegen und mir auch durch meinen Mann Reiki geben zu lassen. Die Reiki-Positionen am Rücken, am unteren Ende der Wirbelsäule, genoß ich ganz besonders. Ich spürte, wie Reiki mir und dem Baby zu einer tiefen Ruhe und Geborgenheit verhalf, und ich durfte zwei ausgewogene und kraftvolle Schwangerschaften erleben. Bei anderen werdenden Müttern wirkt die Energie ähnlich, wenn sie Reiki bekommen. Über die Hände läßt sich schon sehr früh Kontakt zum Kind herstellen. Bei einer Eigen- oder Partner-Reiki-Anwendung verhalten sich die Babys meistens sehr ruhig und genießen offensichtlich die wohlige Wärme und die Zuwendung von außen. Ich empfehle, Reiki schon zu Beginn der Schwangerschaft zu praktizieren. Wenn Sie die Gelegenheit haben, zusammen mit Ihrem Partner einen Kurs zu besuchen, haben Sie dadurch viele Vorteile für Schwangerschaft, Geburtsvorbereitung und auch für die Zeit während und nach der Geburt. Auch für den werdenden Vater gibt es kaum eine schönere Möglichkeit, mit dem Kind Kontakt aufzunehmen. Sie legen Ihrer Partnerin Ihre Hände auf den Bauch und spüren dabei Ihr Kind. Gleichzeitig bekommen Mutter und Baby Energie, und die Familie bereitet sich auf die neue Situation gemeinsam viel intensiver vor.

Während der Geburt sind heute die Väter sehr willkommen. Doch oftmals fühlen sie sich etwas hilflos und alleine gelassen. Wenn Sie Reiki anwenden, können Sie Ihrer Partnerin während des Geburtsvorganges in den Erholungsphasen intensiv helfen. Wenn der Geburtsprozeß sich über Stunden hinzieht, braucht die werdende Mutter viel Energie und Durchhaltevermögen. Geben Sie ihr dann ihren Wünschen entsprechend Energie über Ihre Hände, und sie wird Ihnen dafür sehr dankbar sein. Nach der Geburt gibt es für das Baby nichts Schöneres, als von warmen Reiki-Händen empfangen zu werden. Intuitiv nimmt die Mutter ihr Kind an ihren Körper und schützt es mit ihren Händen. Sie möchte dem Kind Körperkontakt und Wärme geben. Gerade da fließt die

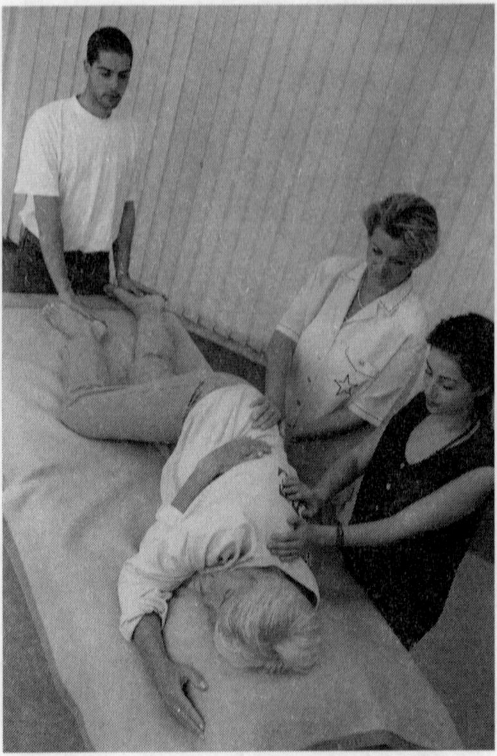

Abb. 33

Abb. 33
Reiki in der Schwangerschaft
Die Schwangere dreht sich zur Seite und genießt die Reiki-Anwendung. Sehr empfänglich für Reiki ist jetzt das Energiezentrum am Steißbein, der Rücken und die Füße. Die Positionen entlasten den Rücken und verhelfen zu Entspannung und Loslassen.

Reiki-Energie zu Mutter und Kind und auch zum Vater. Kleine Babys sind sehr empfänglich für Reiki-Energie. Ich glaube, daß sie viel Ruhe und Geborgenheit durch Reiki-Berührungen bekommen. Dabei wird ihr Urvertrauen in die Welt gestärkt, und insgesamt trägt Reiki zu einem positiven Empfang in ihrer weltlichen Umgebung bei.

Ich habe Reiki auch während und nach dem Stillen genützt. Während das Baby an der Brust liegt, können Sie bewußt eine Hand auf den Bauch des Kindes legen. Dadurch wird Ihr Kind viel weniger oder gar nicht mit Blähungen geplagt sein, und nach dem Stillen schläft es ruhig und entspannt ein. Halten Sie es noch einige Zeit in Ihren Armen, und spüren Sie bewußt die körperliche Nähe und Wärme mit ihm.

Für Sie sind während der Stillzeit Reiki-Anwendungen auf beiden Brüsten sehr wohltuend. Auch dabei ist es wichtig, daß Sie bewußt die Energie Ihrer Hände beim Auflegen genießen. Sie beugen dadurch Entzündungen, Milchstaus und anderen Komplikationen vor.

Kindes- und Jugendalter

Ein Kind, das mit Reiki-Energie aufwächst, ist ruhiger, gelassener, selbstbewußter und in seiner Persönlichkeit gestärkt. Sie können Ihr Kind in allen Lebensphasen mit Reiki begleiten. Es gibt Zeiten, in denen sich die Kinder von ihren Eltern ablösen müssen. Am stärksten äußert sich dieses Verhalten in der Pubertät.

Die Jugendlichen scheuen dann normalerweise Körperkontakt und Nähe mit den Eltern. Wenn Sie den II. Reiki-Grad erworben haben, können Sie sie in dieser Zeit unauffällig unterstützen. Es gibt auch Jugendliche, die in dieser Zeit selbst gerne Reiki erlernen. Sie wenden dann Reiki bei sich selbst an oder bei Tieren; bei anderen Menschen eher selten. Von der Selbstanwendung können sie sehr gut für die Schule profitieren; gerade die Kurzentspannung vor einer Klassenarbeit wirkt oft Wunder. Außerdem habe ich öfters schon beobachtet, daß diese Jugendlichen einen für sie weniger gefährlichen Freundeskreis haben. Ich stelle fest, daß sie Drogen- und Alkoholkreisen eher ablehnend gegenüberstehen. Die Reiki-Energie ist in jeder Lebensphase ein kraftvoller Begleiter, der das innere Gleichgewicht fördert und besonders in schwierigen Übergangszeiten Entspannung und Zuversicht gibt.

Älterwerden und Tod

Auch in der Zeit des Klimakteriums, in der »Midlife-crisis«, im Alter und auch in der letzten Phase Ihres Lebens, dem Abschiednehmen und Tod, kann Reiki eine wertvolle Hilfe sein.

Eine Teilnehmerin aus meinen Kursen erlebte den Abschied von ihrer Mutter durch Reiki sehr intensiv. Sie konnte sie bis zum Schluß mit Reiki-Berührungen begleiten. Für beide war dieser gemeinsame Prozeß ganz wichtig. Sie beschreibt, daß es trotz aller Trauer sehr schön war, so liebevoll und tief mit ihrer Mutter umgegangen zu sein.

Ich denke, es wäre sehr sinnvoll, das Berufsbild »Sterbebegleiter« zu schaffen – genauso wie es Hebammen und Geburtshelfer gibt. Denn gerade im Bereich der Sterbebegleitung sehe ich ein sinnvolles Einsatzgebiet für Reiki. Manche erleben vor ihrem Tod die Reiki-Energie als eine Berührung mit Licht und Liebe. Das letzte Loslassen wird erleichtert, und der Sterbende erlebt seinen Übergang in Geborgenheit und Wärme.

Reiki im medizinischen Bereich

Energieübertragung durch Reiki ist eine ideale Ergänzung zur Schulmedizin. Es geht darum, Bereiche und Anwendungsgebiete herauszufinden, wo die traditionelle Medizin durch Reiki sinnvoll unterstützt werden kann. Natürlich ist es für einen Mediziner, der gewohnt ist, die Symptome mit Medikamenten zu behandeln, eine Herausforderung, Energien und Kräfte zu akzeptieren, die man nicht sehen und anfassen kann! Die Ärzte aber, die Reiki anwenden, haben eine völlig neue Einstellung zum Thema Krankheit gewonnen und zu einem »ganzheitlichen« Denken gefunden. Der Arzt und Therapeut bezieht dann den ganzen Menschen, also den Körper, den Geist und die Seele des Patienten, mit in die Behandlung ein. So wird der aufgeschlossene Arzt dem Patienten zuhören, mit ihm sprechen und mit ihm zusammen nach der Ursache seines Problems forschen. Wenn dann ein Vertrauensverhältnis zustandegekommen ist, ist Heilung im ganzheitlichen Sinne möglich. Der Patient fühlt sich geborgen und hat das Gefühl, der Arzt glaubt an ihn und an seine Gesundung. Seine eigene Bereitschaft, wieder gesund zu werden, wird dadurch erheblich gestärkt (»Ich schaffe es«).

Mit Reiki ist eine »Behandlung« im wahrsten Sinn des Wortes möglich. Gerade heute, in der Zeit der Apparatemedizin, ist die Einbeziehung der und die Ergänzung durch die Reiki-Energie für viele Patienten und Ärzte eine menschliche Wohltat. Die andere Seite ist, daß auch wir überzeugte Reiki-Anwender die Schulmedizin nicht ausgrenzen dürfen. Ich kenne Teilnehmer aus meinen Kursen, die ohne Operationen, Chemie- oder Strahlenbehandlungen und »nur« mit Reiki-Energie sicherlich keine Heilung erfahren hätten. Manche Menschen brauchen beides – und kein Reiki-Behandler oder Reiki-Meister darf Heilungsversprechen abgeben oder sich auf irgendeine Art und Weise in die Entscheidung eines Menschen einmischen. Der freie Wille und die Entscheidungsfreiheit sollten immer an oberster Stelle stehen.

Gerade im Gesundheitswesen gibt es vielfältige Einsatzmöglichkeiten für Reiki. Leider sind unsere Gesetze in Deutschland noch so, daß Energieübertragungen über die Hände (Handauflegen) von einem »Laien« in Kliniken und Praxen nicht legal sind (siehe Kapitel: »Rechtliche Aspekte von Reiki«, S. 39). In England ist es ganz normal und erwünscht, daß der Patient im Krankenhaus seinen »Heiler« zur ärztlichen Betreuung hinzuzieht. Arzt und Heiler ergänzen und unterstützen sich. Wenn ich die sympathischen Teilnehmer aus meinen Reiki-Kursen entlasse, denke ich oft, wieviel Gutes sie nun tun könnten, wenn sie regelmäßig für einige Stunden täglich in Krankenhäusern, Altenheimen oder ambulant tätig sein dürften. Welch wertvolles Potential an Heilkraft, Zuwendung und menschlicher Wärme geht da verloren! Die Gesetzesmühlen laufen langsam, dennoch bin ich mit vielen anderen überzeugt, daß sich bis zum Jahre 2000 in diesem Bereich noch einiges ändern wird. Gerade in Kliniken und Krankenhäusern, wo der sogenannte Pflegenotstand herrscht, ließe sich über freiwillige Reiki-Betreuer so manche Zuwendungslücke sinnvoll schließen.

Am Krankenbett

Wenn Sie, lieber Leser, als Krankenschwester oder Krankenpfleger im Krankenhaus arbeiten, können Sie durch Reiki eine große Bereicherung in ihrem Beruf erleben. Immer wenn Sie einen Patienten berühren – und sei es nur beim Waschen oder Eincremen –, fließt über Ihre Hände Reiki zu ihm. Auch ein kurzes Auflegen der Hand auf den Schultern oder am Arm des Patienten tut gut und macht Mut. Wenn Sie dabei dem Kranken noch einen aufmunternden Satz sagen, wirken Sprechen und Berührung zusammen viel stärker auf seinen seelischen Zustand ein, als wenn Sie nur sprechen würden. Nützen Sie diese Tatsache auch, wenn Sie einen Krankenbesuch machen. Wenn Sie am Bett des Kranken sitzen und ihm die Hand halten, sprechen Sie ihm dabei Mut zu. Gerade dann, wenn der Patient nichts essen und trinken darf, kann eine zwanzigminütige Reiki-Anwendung ein Mitbringsel ersetzen. Sorgen Sie in diesen Minuten für Ruhe, das Pflegepersonal hat dafür meistens Verständnis. Im Krankenbett, oder wenn der Patient im Rollstuhl sitzt, läßt sich eine Reiki-Behandlung gut durchführen. Variieren Sie dabei die bekannten Positionen nach Ihrem Empfinden. Der Kranke wird eine deutliche Erleichterung spüren, und seine Selbstheilungskräfte werden angeregt. Gerade in schwierigen Phasen einer Krankheit und dann, wenn der Kranke seine Situation als aussichtslos empfindet, wirkt die Zuwendung mit Reiki oftmals Wunder. Schön ist es, Kranken regelmäßig Anwendungen zu geben. Wenn Sie weiter weg wohnen und umständehalber nicht immer bei dem Kranken sein können, empfiehlt es sich, mit dem II. Reiki-Grad Energie zu senden.

Als Notfallhilfe

Reiki wirkt blockadenlösend und schmerzlindernd. Bei akuten Erkrankungen ist es jedoch oberstes Gesetz, zuerst einen Arzt zu rufen. Bis der Arzt da ist, können Sie dem Betroffenen mit Reiki unterstützend zur Seite stehen. Ein leichtes Berühren der Hände oder einer anderen Körperstelle wirkt sehr beruhigend.

Ich nütze Reiki viel bei kleineren »Unfällen« der Kinder. Meistens ist es nicht der tatsächliche Schmerz, sondern der Schreck, der die Kinder lauthals schreien läßt. Ich lege dann meine Hände auf die betroffene Körperstelle (z. B. das Knie) und auf das Sonnengeflecht. Das bringt die Kinder wieder in ihr Gleichgewicht, und in kurzer Zeit ist die Schrecksituation aufgelöst. Eine Unfallkrankenschwester, die ich kenne, nützt

Reiki während der Fahrt ins Krankenhaus bei den Patienten. Sie sagt, daß das Handauflegen das Unfallopfer meist so beruhigt, daß sich die Situation in kurzer Zeit sehr entspannt. Sie hatte das auch vor ihrem Reiki-Kurs schon intuitiv gemacht, nach den Reiki-Einweihungen spürte sie aber eine intensivere Wirkung.

Bei chronischen Leiden

Bei chronischen Erkrankungen können regelmäßige Reiki-Anwendungen Linderung und Symptomveränderungen bewirken. So konnte eine junge Teilnehmerin ihre regelmäßigen Migräneanfälle bereits im Vorfeld erspüren und sich selbst vorbeugend Reiki geben. Inzwischen ist ihr Energiesystem so ins Gleichgewicht gekommen, daß die Migräneattacken fast ganz wegbleiben. Sie ist der Reiki-Energie sehr dankbar und zutiefst erleichtert, daß sie sich jetzt mit voller Kraft ihrer jungen Familie widmen kann.

Eine andere junge Frau hatte vor ihrem Reiki-Kurs eine totale Abneigung gegenüber manchen Lebensmitteln. Sie war schließlich so weit, daß sie fast gar nichts mehr essen und trinken konnte, da sie nach jeder Mahlzeit schmerzhafte Bauchkrämpfe bekam. Die Ärzte wußten sich keinen Rat. Im Kurs verhielt sie sich ruhig und zurückhaltend und erzählte niemandem, auch mir nicht, von ihrem Problem. Nach ein paar Wochen kam sie nach einem offenen Reiki-Abend zu mir und erzählte freudestrahlend, daß sie wieder alles essen kann und daß sie es kaum glauben könnte.

Bei Chemo- und Strahlentherapie

Ein dankbares Einsatzgebiet von Reiki-Energie ist die Chemo- und Strahlentherapiebehandlung. Die Nebenwirkungen wie Übelkeit, Erschöpfung und psychisches Unwohlsein können oftmals gemildert werden. Der Kranke gibt sich entweder selbst Reiki oder läßt sich Reiki geben. Reiki kann vor, während und nach einer solchen Behandlung verstärkt zum Einsatz kommen.

Weitere Anwendungsmöglichkeiten

Manche Teilnehmer kommen zum Reiki-Seminar, bevor sie zu einer Operation ins Krankenhaus müssen. Die Kurstage geben ihnen Kraft, Zuversicht und Wohlbefinden. Die Operation verläuft in der Regel gut, da der Patient innerlich besser darauf vorbereitet ist. Im Falle eines Operationsschnittes ist die Reiki-Anwendung für die Wundheilung sehr förderlich. Ich höre und erlebe immer wieder, daß mit Reiki behandelte Wunden sehr schnell heilen und »schöne« Narben hinterlassen. Eine Bekannte von mir, die ein Fußballteam mit Reiki und Fußreflexzonenmassage betreut, konnte erst kürzlich wieder einem jungen Sportler sehr gut helfen. Er hatte sich die Schulter gebrochen, und die Ärzte wollten ihn für mindestens sechs Wochen krankschreiben. Zum Erstaunen aller Mediziner ist die Schulter aber bereits jetzt, nach drei Wochen Reiki-Energie und Fußreflexzonenmassage, wieder völlig in Ordnung.

Auch bei der Heilung von Brandwunden vollbringt die Anwendung von Reiki wahre Wunder, wie es der folgende Fall beweist:

Wir haben vor einigen Jahren ein Feuerlauftraining mit einer Gruppe abgehalten. Die Gruppe war vorbereitet, die Spannung vor dem Feueranzünden war groß. Doch das vorbereitete Holz war offensichtlich naß und auch mit Hilfe von Spiritus nicht zum Brennen zu bringen. Wir hatten alles ausprobiert, das Holz blieb so, wie es war. Undenkbar, ein Feuerlaufseminar ohne Feuer! Schließlich gossen wir unvorsichtigerweise Benzin über das Holz, und mein Mann zündete es an. Im nächsten Moment sah ich, wie er in einer Explosionswolke stand und sich sofort in das Gras warf! Er wälzte sich im feuchten Gras und konnte so die Flammen selbst löschen. Anschließend wurde er dann von einem unserer Assistenten in das Hotel gebracht. Ich selbst blieb aus meinem Verantwortungsgefühl heraus erst einmal bei der Gruppe und ging erst später mit allen Teilnehmern in das Hotel zurück. Bernd, unser Assistent, saß am Kopfende bei meinem Mann und gab ihm schon die ganze Zeit Reiki. Mein Mann hatte große Schmerzen und schwere Verbrennungen im Gesicht und an den Händen. Reiki (die Hände mit Abstand über den Verbrennungen) tat ihm sehr, sehr gut. Wir beschlossen, in das Krankenhaus zu fahren, wo er ärztlich versorgt wurde. Er mußte die Nacht dort bleiben, ich fuhr mit den anderen zum Seminarhotel zurück. Hinzu kam, daß ich zu der Zeit mit unserem zweiten Kind im fünften Monat schwanger war. Ich dachte die ganze Zeit an mein Baby und hoffte, daß ihm der Schreck nicht geschadet hatte. Spät in der Nacht bin ich danach noch einmal mit meiner Gruppe zum Feuerplatz; das Holz war inzwischen zur Glut heruntergebrannt. Wir sind dann doch noch alle über das Feuer gelaufen.

Die restliche Nacht habe ich meinem Mann mit dem II. Grad Reiki ins Krankenhaus geschickt. Er selbst gab sich auch Reiki und konnte danach wunderbar schlafen. Auch mir selbst legte ich die Hände auf den Bauch und kümmerte mich so um mein Baby, das sich ganz ruhig verhielt; es ging ihm gut.

Die Verbrennungen im Gesicht und an den Händen meines Mannes hinterließen keine einzige Narbe! Die Wunden verheilten dank Reiki schnell und sauber. Ich nehme an, daß es gerade in den ersten Minuten und Stunden für meinen Mann entscheidend war, daß ihm sofort Reiki gegeben wurde. Es hat ihn auch psychisch unterstützt, in dieser Situation nicht den Mut zu verlieren, und ihn sogar »heiter« gestimmt.

Diese Geschichte ist ein gutes Beispiel dafür, wie Reiki in einer Notfallsituation Schlimmeres verhindern konnte und auf mehreren Ebenen gleichzeitig wirkte.

Reiki im psychotherapeutischen Bereich

Ein großer Schmerz läutert,
indem er die Seele zwingt,
ihr Tiefstes zu sammeln.
(Ferdinand von Saar)

Mein Mann Reimar arbeitet auch im psychotherapeutischen Bereich. Seine Erfahrung ist, daß die Reiki-Energie jede Art von Psychotherapie unterstützen kann. Der Klient nimmt intensiver am therapeutischen Prozeß teil und spürt sehr deutlich die Muster, die ihn blockieren.

Manchmal ist es auch so, daß ein Teilnehmer nach den Einweihungen in Reiki spürt, daß er therapeutische Begleitung braucht, um für sich weiterzukommen. Dann empfehle ich Einzel- oder Gruppenarbeit bei einem guten Therapeuten. Die allgemeine Meinung über Psychotherapie ist leider immer noch nicht die beste. Ich selbst habe im Lauf der Jahre sehr gute Erfahrungen damit gemacht und denke, daß jeder, der mit Energiearbeit weiterkommen möchte, Unterstützung brauchen kann, um sein Seelenleben in Ordnung zu bringen. Besonders mit Hilfe des II. Reiki-Grades ist es möglich, tief in die Zeit der Kindheit einzutauchen. Bilder und Empfindungen aus der Vergangenheit können aus dem Unterbewußtsein aktiviert werden, alte Denk- und Glaubensmuster, die in dieser Zeit ihren Ursprung haben, werden offensichtlich. Reiki bewirkt, daß mit der Zeit alles das, was uns Menschen davon abhält, vollkommen gesund und glücklich zu sein, aus dem Unterbewußtsein in unser Bewußtsein geholt wird, mit der Aufforderung an uns, diese Blockaden loszulassen. Reiki reinigt und klärt unser menschliches Sein auf allen Ebenen. Oftmals werden diese Prozesse als negativ empfunden, da diese Phasen für uns sehr schwierig sein können. Doch jeder von uns kennt aus seinem Leben, daß es oftmals erst eine »Tunnelphase« braucht, um schließlich das ersehnte »Licht« zu erblicken (siehe Kapitel: »Reiki und die Arbeit mit dem ›inneren Kind‹«, S. 97ff.).

Zur Suchtbewältigung

Besonders unterstützend wirken Reiki-Anwendungen bei dem Bemühen, eine Sucht zu bewältigen. Ich kenne einige Reiki-Teilnehmer, die nach dem Reiki-Kurs kein Verlangen mehr nach einer Zigarette verspürten. Sie hatten das Gefühl, als bräuchten sie die Zigaretten nicht mehr. Genauso erlebe ich bei meinen Teilnehmern, daß sie in den Wochen und Monaten nach dem Kurs kaum noch Lust auf alkoholische Getränke haben und daß sich dadurch ihr Alkoholkonsum reduziert hat. Manche berichten auch, daß sie einige Nahrungsmittel nicht mehr mögen und jetzt intuitiv »natürlichere« Speisen bevorzugen.

Reiki-Einweihungen und -Anwendungen verändern die Menschen im Innersten. Sie werden insgesamt feiner, sensibler und offener in ihren Empfindungen. Das bezieht sich auch auf Stoffe, die sie ihrem Körper zuführen. Deshalb kommt es auf ganz natürliche Art und Weise zu den erwähnten Reaktionen. Ich habe im Laufe der Jahre sehr viel Vertrauen in die Wirkungsweise der Energie bekommen, und immer wieder stelle ich diesen lebensunterstützenden Aspekt von Reiki fest.

Zur Unterstützung von Angehörigen

Wichtig erscheint mir bei allen Formen der Erkrankungen, daß auch der oder die Angehörigen des Betroffenen Unterstützung bekommen. Wer einen Dauerpflegefall zu Hause oder im Krankenhaus betreut, braucht Kraft und Hilfe. Wenn Sie Angehöriger von einem Suchtkranken sind, brauchen Sie, genauso wie Ihr Partner, Möglichkeiten des Auftankens und der Hilfe. Reiki bietet einem viel Raum für Geborgenheit, Kraft und Liebe. Ich habe es oft erlebt, wie Menschen durch die Betreuung eines anderen an die Grenzen der eigenen physischen und psychischen Belastbarkeit gestoßen sind. Durch Reiki-Anwendungen konnten die Betroffenen oft nach langer Zeit wieder innerlich aufatmen und neue Perspektiven für sich entdecken. Außerdem gibt Reiki in diesen Fällen Kraft, sich von den Bedürfnissen des anderen abzugrenzen und die eigenen wieder zu spüren.

Reiki in der Körperpflege und Kosmetik

Auch bei der täglichen Körperpflege können Sie Reiki automatisch einfließen lassen. Bei jeder Berührung, die Sie sich und anderen zukommen lassen, kommt diese Energie mit dazu. Wenn Sie sich z. B. die Haare waschen und die Kopfhaut dabei massieren oder sich nach dem Duschen den ganzen Körper eincremen, Reiki wirkt als zusätzliches »Pflegemittel«. Die Schwingung von Reiki wird bei einer Gesichtsmassage über die Hände mit hineingegeben. Manche Kosmetikerin legt ihrer Kundin vor und nach der Behandlung einfach die Hände sanft auf das Gesicht. Sie können sich sicherlich vorstellen, wie angenehm es ist, ganz entspannt die Kosmetikbehandlung zu bekommen. Außerdem sind Reiki-Hände anders als andere; sie sind weicher, wärmer und sensibler. Schönheit strahlt von innen nach außen, und ich sage meinen Teilnehmern immer, daß Reiki schön macht. Gerade die Haut, die Haare und die Augen sind ein Spiegel des inneren Befindens. Ist ein Mensch im inneren Gleichgewicht und mit sich im reinen, zeigt sich das im äußeren Erscheinungsbild. Deshalb kann Kosmetik dem einzelnen nur begrenzt Schönheit bis ins hohe Alter geben. Ich erlebe bei meinen Teilnehmern, daß sie durch die Reiki-Anwendungen im Laufe der Zeit jünger, entspannter und zufriedener aussehen. Die Haut ist glatt und geschmeidig, und vor allen Dingen bekommen die Augen einen besonderen Glanz.

Die Reiki-Energie fließt immer. Bei jedem Händedruck, bei der Umarmung Ihrer Liebsten, bei der Blumenpflege, im Umgang mit Tieren, ja sogar beim Kneten eines Kuchenteiges. Ist die Energie in Ihnen einmal aktiviert, hält das Ihr ganzes

Leben lang an. Ich bin mir meiner Hände, seit ich Reiki kenne, sehr bewußt geworden. Bei vielem, was ich berühre, bin ich innerlich beteiligt und gebe, je nachdem, was es gerade ist, noch verstärkt innere Aufmerksamkeit dazu.

Reiki in medizinischen und Heilberufen

Besonders dann, wenn Sie viel mit Menschen zu tun haben, wird Ihnen Reiki eine Vielfalt von Möglichkeiten der Anwendung geben.

In allen medizinischen und heilenden Berufen bietet Reiki eine hervorragende Ergänzung. Oftmals berichten mir Masseure oder Krankenschwestern, daß sie einen wesentlichen Unterschied im Vergleich mit zuvor spüren. Die Qualität der Massagen verändert sich. Patienten empfinden eine tiefere Entspannung und seelisches Wohlbefinden. Eine Masseurin, die ich gut kenne, arbeitet inzwischen viel lieber mit Reiki und anderen feinstofflichen Methoden. Sie sagt, daß sie am Abend lange nicht mehr so ausgelaugt ist und sich durch Reiki geschützt fühlt. Ähnliches erleben auch Krankenschwestern und Therapeuten in anderen Bereichen. Reiki ist gerade für Menschen, die helfende und heilende Berufe ausüben, eine wirkungsvolle Entspannungs- und Regenerationstechnik. Da die Reiki-Energie neutral und sehr anpassungsfähig ist, ist sie eine wertvolle Unterstützung und Bereicherung für diese Berufe. Reiki läßt dem Therapeuten seine eigene Energie und macht ihn zum »Energie-Kanal« bei den einzelnen Behandlungen. So ergänzt Reiki besonders die folgenden, mir bekannten Methoden:

- Akupunktur und Akupressur
- Shiatsu
- Fußreflexzonenmassage
- Massage
- Rolfing

- Rebirthing
- Krankengymnastik

Außerdem ist Reiki im feinstofflichen Heilbereich eine sehr gute Ergänzung zu Bach-Blütentherapie, Homöopathie und der Arbeit mit Edelsteinen.

Reiki und die Arbeit mit dem »inneren Kind«

Wenn ihr nicht umkehret und werdet wie die Kinder, so werdet ihr nicht ins Himmelreich kommen.
(Neues Testament, Matthäus 18,3)

In meinen II.-Grad-Reiki-Kursen führen wir eine sehr tiefe Übung durch. Die Teilnehmer werden aufgefordert, ein eigenes Kinderfoto mit Reiki zu »beschicken«. Ich teile jedem Seminarteilnehmer vorher mit, er möge ein Foto seiner Wahl von sich selbst im Alter von 1–10 Jahren in das Seminar mitbringen.

Nachdem die Teilnehmer in vielen Übungssequenzen vorher schon mit den Reiki-Symbolen geübt haben, bitte ich sie nun, liegend und im entspannten Zustand aus ihrem Unterbewußtsein Eindrücke und Bilder aus ihrer Kindheit auftauchen zu lassen. Wir suchen Zugang zu unserem »inneren Kind«.

Denn in jedem von uns Erwachsenen lebt immer noch ein kleines Mädchen bzw. ein kleiner Junge. Wir erleben tagtäglich unser »Erwachsenen-Ich«, welches überlegt, handelt, vernünftig ist, entscheidet und plant. Dieses Erwachsenen-Ich regelt unseren Tagesablauf und sorgt für unser »Überleben«. Manchmal prägt diese Instanz unser Alltagsleben aber so stark, daß wenig Flexibilität, Emotionalität und Spontaneität möglich sind. Unser Leben wird zur Gewohnheit, und wir haben uns ausschließlich »vernünftige« Verhaltensweisen antrainiert. Für die Höhen und Tiefen der menschlichen Gefühlsskala bleibt wenig Raum. Eine gewisse Alltagsroutine, Starre und Eintönigkeit macht sich immer mehr in unserem Leben breit.

Irgendwann haben wir alle in unserer Kindheit »gelernt«, unsere Lebendigkeit zurückzuhalten und unsere Impulsivität und Spontaneität zu unterdrücken, da die uns damals umgebenden Erwachsenen kein Verständnis und vielleicht auch keine Nerven dafür hatten. Es schien uns als Kind so, als wären wir den Erwachsenen »zuviel«, oder wir machten die Erfahrung, daß wir mit Liebesentzug bestraft werden, wenn wir uns nicht erwartungsgemäß verhalten. Unser Gefühlsbereich war damals sehr empfindsam und hochsensibel. Wir haben gelernt, uns anzupassen und zu schützen. Die Angst, verlassen zu werden, und die Angst, nicht geliebt zu sein, sind bei den meisten Menschen unseres Kulturkreises Verhaltensmuster, die uns oft bis in das hohe Erwachsenenalter begleiten.

Wir, gleich ob Mann oder Frau, haben verlernt, unser inneres Kind zu leben, seine Bedürfnisse anzunehmen und auf seine Stimme zu hören. Damals, als wir klein waren, weich und verletzlich im Inneren, haben wir irgendwann »zugemacht« und uns eine Hornhaut für die Seele zugelegt, um nicht zuviel spüren zu müssen. Wenn Menschen beginnen, im Erwachsenenalter diese Türen wieder zu öffnen, tut es meistens erst einmal weh. Zu erkennen und zu spüren, daß ein sehr verletztes und oft trauriges kleines Kind in unserem Inneren lebt, ist schmerzhaft. Es ist sehr wichtig, dieses innere Kind anzunehmen, so wie es ist: seine Bedürftigkeit, seine Wut, seine Angst, Schwäche und Trauer, aber auch seine Kraft, seine Wildheit, seine Freude, seine Spontaneität und seinen starken Willen.

Die Erziehung, die wir alle erlebt haben, war im großen und ganzen bei den meisten Menschen in unserem Kulturkreis eine Erziehung eher gegen als für das lebendige, innere Kind. Es soll an dieser Stelle keine Bewertung oder Schuldzuweisung an unsere Eltern stattfinden. Sie haben ihr Bestes gegeben, und es liegt jetzt an uns, uns mit unserem inneren Kind zu versöhnen. Das bedeutet, durch verschiedene Formen der Psychotherapie und/oder Energiearbeit, wie z. B. Reiki, diese Themen aufzuarbeiten und zu lösen.

Nur wenn Erwachsene bereit sind, den Schritt in die sogenannte Versöhnungsarbeit zu tun, kann ein Wandel auf allen Ebenen geschehen. Das innere Kind ist meistens geprägt von Ängsten des Verlassenwerdens, von dem Muster nicht geliebt zu werden, von der Mangelhaltung: »Es ist nicht genug Liebe, Geld und so weiter da.«

Verhaltensmuster wie z. B.: »Ich muß angestrengt für eine Sache kämpfen« sind im frühkindlichen Bereich entstanden. Sich mit dem eigenen inneren Kind zu versöhnen, heißt zu beginnen, es anzunehmen und zu lieben: seine Lebendigkeit und seine Spontaneität, seine starken Gefühle und seine Leichtigkeit. Zu spüren, was »es« braucht: vielleicht mehr Zärtlichkeit im Leben zuzulassen oder lieben zu lernen, seine Gefühle schneller auszudrücken oder spontan bei einem Angebot »ja« zu sagen, statt im ewigen »Für und Wider« steckenzubleiben.

Überlegen Sie einmal, lieber Leser, was es Sie jahrelang schon gekostet hat, dieses innere Kind nicht lebendig sein zu lassen! Überlegen Sie dann, was es Sie in der Zukunft noch kosten wird, es nicht lebendig werden zu lassen!

Schreiben Sie in die linke Spalte der folgenden Tabelle, was es Sie bereits gekostet *hat,* und in die rechte, was es Sie noch kosten *wird*. In die dritte, untere Spalte tragen Sie ein, was Sie gewinnen, wenn Sie Ihr inneres Kind endlich befreien.

Was es mich gekostet hat,	Was es mich kosten wird,
mein inneres Kind nicht lebendig sein zu lassen	
•	•
•	•
•	•
•	•
•	•
•	•

Was gewinne ich, wenn ich mein inneres Kind befreie

-
-
-
-
-
-
-
-
-

Halten Sie sich diese letzte Spalte so oft wie möglich in Ihrem Bewußtsein. Als Unterstützung können Sie auch eine bunte Collage aus verschiedenen Heften und Katalogen zusammenstellen, die darstellt, wie es für Sie ist, Ihr inneres Kind befreit zu haben.

Hängen Sie dieses Bild dann an einen Platz, an dem Sie sich oft aufhalten, und Sie werden immer wieder daran erinnert.

Als Ergänzung und Verstärkung dazu dient die nachfolgende Übung.

Übung: Reise zum »inneren Kind«

1. Suchen Sie ein Foto von sich im Alter von 1–10 Jahren aus.
2. Sorgen Sie für Ruhe, und nehmen Sie eine bequeme Sitz- oder Liegehaltung ein.
3. Schauen Sie Ihr Foto an, und nehmen Sie innerlich Kontakt mit ihm auf.
4. Atmen Sie dabei mehrmals tief ein und aus.
5. Tauchen Sie mehr und mehr ein in die Zeit, als Sie so klein waren wie auf Ihrem Foto.
6. Legen Sie Ihr Foto auf die Seite, und schließen Sie Ihre Augen.
7. Legen Sie eine Hand auf Ihr Herzzentrum und die andere Hand auf Ihr Sonnengeflecht.
8. Wenn Sie den II. Reiki-Grad haben, geben Sie die Symbole innerlich auf das Kind, das Sie einmal waren.
9. Jetzt lassen Sie alle Bilder, Gefühle und Eindrücke dieser Zeit aus Ihrem Unterbewußtsein auftauchen.
10. Wenn Sie dabei Gefühle spüren, lassen Sie diese zu und atmen durch die Gefühle durch.
11. Sehen Sie sich nun in dieser Zeit, wie Sie gekleidet sind, wer mit Ihnen spricht, ob Sie Freunde haben, wer von den Eltern da ist, usw.
12. Spüren Sie auch die Atmosphäre von damals, die Temperatur, die damals herrschte.
13. Befragen Sie sich jetzt nach dem, was Sie damals wirklich gebraucht hätten: vielleicht mehr Wärme, jemanden zum Zuhören, vielleicht einen ganz bestimmten Satz Ihrer Eltern, den Sie gerne gehört hätten. Vielleicht eine Anerkennung oder eine Umarmung, vielleicht den Satz: »Ich hab dich lieb!«
14. Lassen Sie sich ganz entspannt mit all den Gefühlen in dieser Zeit sein.
15. Nun erlauben Sie sich, sich in Ihrem Erwachsenensein mit Ihrem kleinen Mädchen bzw. Ihrem kleinen Jungen zu treffen.

16. Sie nähern sich beide in Ihrer Phantasie, langsam und vorsichtig. Sie gehen Schritt für Schritt aufeinander zu und umarmen sich, wenn Sie es möchten.
17. Sie liebkosen sich und sind eine Weile beieinander – sie sprechen vielleicht miteinander, gehen in Ihrem Lieblingswald spazieren, oder ...
18. Geben Sie sich Zeit, und genießen Sie das Zusammensein. Lassen Sie Ihre Gefühle zu.
19. Nach einer gewissen Zeit verabschieden Sie sich von Ihrem inneren Kind und versprechen ihm, daß Sie wiederkommen. Sie nehmen herzlich Abschied und wissen beide, daß er nur vorübergehend ist.
20. Am Ende atmen Sie wieder intensiver ein und aus, bewegen Ihre Füße, Ihre Hände und den Kopf. Sie strecken sich und öffnen dann langsam die Augen. Sie sind jetzt wieder hellwach und vollkommen in der Gegenwart.
21. Wenn Sie möchten, können Sie jetzt Ihre Geschichte aufschreiben und/oder ein Bild malen und/oder mit jemanden darüber sprechen.

Wenn Sie, lieber Leser, für Übungen dieser Art Unterstützung brauchen, so suchen Sie einen Therapeuten oder Seminarleiter Ihres Vertrauens. Wenn Sie tief in Ihr Gefühlsleben »eintauchen« möchten, um alte Blockaden und Themen zu lösen, empfehle ich immer, sich eine Begleitung zu nehmen. Es lohnt sich für das »jetzige« Leben, viele alte »Rucksäcke« der Vergangenheit abzulegen, um wahre Kraft und Lebensfreude wiederzuentdecken. Reiki wird Sie auch hier wie ein unsichtbarer, treuer, immer anwesender Freund begleiten.

Reiki im Berufsleben

Streßbewältigung

Am allermeisten klagen Menschen, die mitten im Berufsleben stehen, über Streßerscheinungen, wie das Gefühl ausgebrannt zu sein, nicht mehr zur Ruhe kommen zu können, über Erschöpfungserscheinungen und andere Symptome. Wenn Sie dazu gehören und keine Technik kennen, um sich wieder in einen entspannten Zustand zu bringen, werden Sie sehr bald gesundheitliche Probleme bekommen. Unser menschliches Sein verlangt nach Aktion und nach Entspannung. In den Ruhepausen schöpfen Sie neue Kraft und Inspiration für die aktiven Phasen. Selbst einige Minuten am Tag bringen schon einen großen Erholungswert, wenn Sie diese Zeit mit Reiki-Anwendungen nützen.

Im allgemeinen ist es so, daß sich alle Bereiche Ihres Lebens mit Reiki mehr und mehr entspannen. Praktizieren Sie Reiki regelmäßig für sich, werden Sie Streßhöhepunkte gut bewältigen. Sie spüren durch Ihre verstärkte Sensibilität Ihre Bedürfnisse viel eher und wissen instinktiv, was Ihnen wirklich gut tut. So lernen Sie, Ihre Kräfte besser und sinnvoller einzusetzen und sich auf das Wesentliche zu konzentrieren.

Im Spitzensport beginnt man jetzt, Meditation und Entspannungstechniken miteinzubinden. Gerade dann, wenn der Körper ständig unter Hochspannung steht und keine tiefe Entspannung erfährt, leidet das Immunsystem darunter.

Kurzentspannungstechnik

Reiki in Form einer Kurzanwendung läßt sich optimal in Ihren Berufsalltag einbinden. Wenn Sie im Büro arbeiten, dann nehmen Sie sich zehn Minuten Ihrer Pause für diese Übung. Setzen Sie sich bequem auf Ihren Stuhl. Die Füße stehen gerade auf dem Boden, die Wirbelsäule halten Sie senkrecht, genauso den Kopf. Sie schließen Ihre Augen und atmen dreimal tief ein und aus. Beim Einatmen stellen Sie sich vor, daß der Streß und die Anspannung mit dem Atem hinausströmen. Dann beginnen Sie mit den Reiki-Positionen:

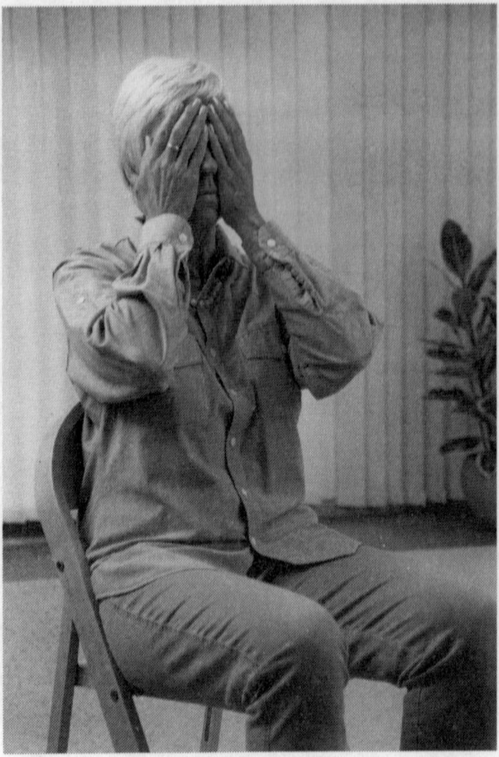

Abb. 34

Abb. 34

1. Kopfposition (2 Min.)

Beide Hände leicht auf das Gesicht legen.
Entspannt und erfrischt müdes Gesicht und Gedanken.

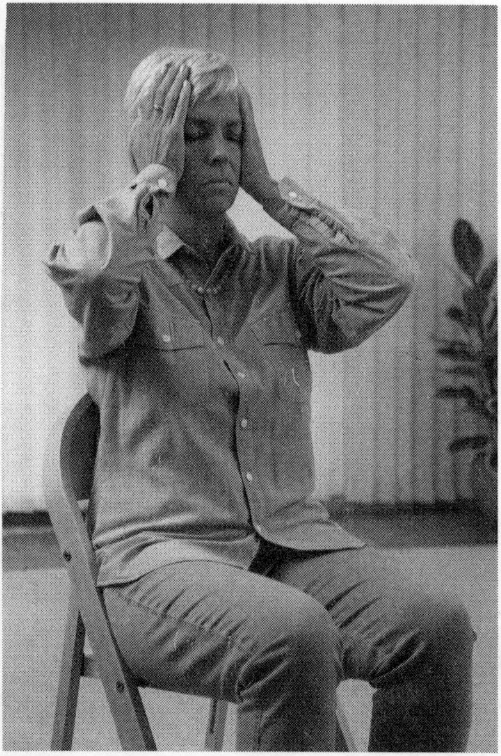

Abb. 35

Abb. 35
2. Kopfposition (2 Min.)
Beide Hände halten den Kopf und bedecken die Schläfen. Sehr entspannend, gibt neue Energie im Kopfbereich.

Abb. 36

Abb. 36
1. Vorderposition (2 Min.)
Eine Hand liegt auf dem Herzzentrum (Mitte der Brust), die andere bedeckt das Sonnengeflecht (Solarplexus).
Gibt »schnelle« Energie, starkes Auftanken und Entspannung.

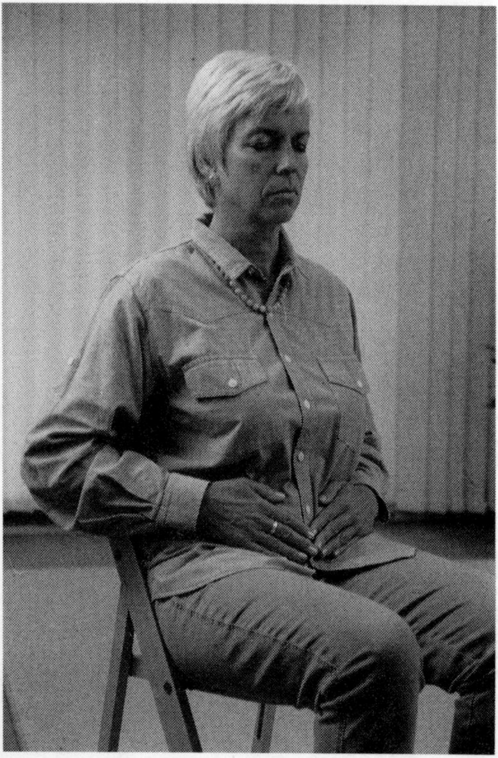

Abb. 37

Abb. 37

2. Vorderposition (2 Min.)

Beide Hände liegen auf den Leisten, und Energie fließt zum Unterbauch.

Gibt neue Kraft und Entspannung und zentriert.

Abb. 38

Abb. 38

3. Vorderposition (2 Min.)
Beide Hände umfassen die Knie.
Sehr entspannend, Entlastung für die Beine bei langem Sitzen oder Gehen. Fördert die Durchblutung der Beine.

Während dieser Übung atmen Sie ruhig und entspannt. Spüren Sie, wie Sie sich mit neuer Energie auftanken. Wenn Sie die Möglichkeit haben, eine Entspannungsmusik spielen zu lassen, dann wählen Sie sich dazu noch eine schöne Musik aus. Wichtig ist, daß Sie ungestört sind, das Telefon abgestellt ist und Sie das Gefühl haben, für sich zu sein.

Diese Übung eignet sich auch sehr gut, um kurz während einer Autofahrt zu entspannen. Sie fahren auf einen Parkplatz, legen sich eine schöne Kassette ein und stellen Ihren Autositz so, daß Sie bequem sitzen oder liegen. Dann beginnen Sie, wie beschrieben, mit der Übung. Während dieser Minuten beim Auflegen der Hände können Sie gleichzeitig Ihre Mentalkraft nützen. Dadurch, daß die Reiki-Energie den Gedankenbereich leicht und frei macht, können Sie geistig neue Bilder entstehen lassen.

Steht Ihnen ein wichtiges Gespräch oder eine Verhandlung bevor, dann verbinden Sie diese Übung mit Ihrer Vorstellungskraft:

1. Sie malen Sich innerlich aus, wie das Gespräch für Sie verlaufen soll.
2. Gestalten Sie die bevorstehende Situation so positiv, entspannt, lebendig, hell und so bunt wie möglich.
3. Tauchen Sie mit Ihren Gefühlen, so intensiv Sie können, in diese Situation.
4. Erleben Sie das Gespräch hundertprozentig so, wie Sie es haben wollen.

Manchen Menschen gelingt es nicht, innere Bilder zu sehen. Wenn Sie zu diesen gehören, dann tauchen Sie emotional und akkustisch in Ihr Thema. Fühlen Sie, wie es ist, Ihr Vorhaben positiv zu gestalten. Hören Sie innerlich, wie die beteiligten Menschen zu Ihnen sprechen. Beziehen Sie alle Sinne, die Ihnen zur Verfügung stehen, mit ein.

Ich verspreche Ihnen, wenn Sie Entspannung und Visualisieren durch ständiges Anwenden trainieren, erreichen Sie Spitzenerfolge im entspannten Zustand! Reiki löst Blockaden im körperlichen, seelischen und geistigen Bereich. Was uns oft daran hindert, einer Situation einen positiven Verlauf zu geben, sind unbewußte Blockaden. Sobald Sie bewußt im vorhinein mental Ihr »Schicksal« vorbereiten, speichert Ihr Unterbewußtsein den Ablauf und die Gefühle. In der Situation selbst wird dieses Progamm wieder abgerufen. Doch um effektiv und genau speichern zu können, braucht das Unterbewußtsein Entspannung, Ruhe und gute Gefühle.

Genauso können Sie sich z. B. auf ein Bewerbungsgespräch vorbereiten. Sie beginnen während der Ganzkörperanwendung, sich innerlich den optimalen Ablauf des Bewerbungsgespräches vorzustellen bzw. sich in die Situation einzufühlen. Auch wenn Sie Ihren Gesprächspartner noch nicht kennen, stellen Sie sich trotzdem stellvertretend ein Gegenüber vor. Klären Sie exakt im Vorfeld für sich, daß Sie diese Stelle haben wollen. Dadurch teilen Sie ihrem Unterbewußtsein Ihre Absicht mit. Entsprechend werden Sie im Bewerbungsgespräch eine sichere Haltung haben und Entschlossenheit ausstrahlen. Eine zusätzliche Steigerung ist, wenn Sie in den Gefühlzustand »Ich habe die Stelle bereits« treten. Doch dazu in einem anderen Kapitel mehr. Wichtig ist, daß Sie dabei Freude haben und sich trauen zu experimentieren.

Die Verstärkung der Intuition

Beginne jeden Tag mit einem
ruhigen Augenblick.
Man muß stillhalten, um zu sehen,
was sich »meldet«.
(Carl Friedrich von Weizsäcker)

Ein guter Geschäftsmann hat meistens ein sicheres Gespür für erfolgversprechende Unternehmungen. Irgendein Bereich in ihm sagt »Greif zu!« oder »Laß es lieber sein!«. Diese »innere Stimme« hat mit Logik und Verstand wenig zu tun, manchmal widersprechen sich sogar beide. Innere Impulse, die einen motivieren, Dinge zu tun oder zu lassen, kommen aus dem intuitiven Bereich der Persönlichkeit. Gerade bei Kindern ist dieser Teil noch sehr ausgeprägt, da sie ihre Gefühle spontan und direkt äußern. Wenn wir ihnen die Wahl lassen, umgeben sich Kinder auch nur mit Menschen, zu denen sie sich hingezogen fühlen und wo sie Vertrauen spüren. So spricht man bei einem Erwachsenen, der sich die Offenheit seines Gemütes beibehalten konnte, von einem Menschen mit dem »siebten Sinn«. Diese Menschen zeichnet gleichzeitig eine hohe Sensibilität und ein gesunder Menschenverstand aus. Sie erahnen im Vorfeld für sich und oft auch für den anderen, wie die Dinge verlaufen. Sie können nach innen hören und vertrauen auf das, was sie wahrnehmen.

Geht es Ihnen manchmal auch so, daß Sie, nachdem Sie eine bestimmte Erfahrung gemacht haben, denken: »Das habe ich doch gleich gewußt!« oder »Hätte ich doch auf mich gehört!«?

Dieses Phänomen, das in unserem Inneren wie eine Quelle der Weisheit lebt, wird durch Reiki wieder bewußt und aktiviert. Durch Reiki-Einweihungen und -Anwendungen wird der Zugang freigelegt, und Sie spüren im Laufe der Zeit, daß Sie in der Lage sind, intuitiver zu handeln. Sie verhalten sich ganz anders. So treffen Sie Entscheidungen, die positiver für Sie sind als die vorherigen. Sie lernen andere Menschen kennen, weil Sie intuitiv anders auswählen. Eine Boutiquebesitzerin beschreibt den Unterschied nach ihren Reiki-Einweihungen folgendermaßen: »Seit ich Reiki bekommen habe, spüre ich viel stärker, welche Bedürfnisse meine Kundinnen haben und warum sie gekommen sind. Ich kann viel leichter und intensiver im Verkausgespräch auf sie eingehen und sie besser beraten. Außerdem spüre ich jetzt schneller, ob sie wirklich kaufen wollen, oder sich nur aussprechen möchten. Bei den letzteren gelingt es mir jetzt besser, mich abzugrenzen, da mir die ›Geschichten‹ der Kundinnen oft seelisch zuviel waren. Schade, daß ich Reiki nicht schon früher begegnet bin«.

Noch ein Beispiel: Eine Hotelmanagerin beschreibt ihre Erfahrungen nach ihren Reiki-Einweihungen im Beruf so: »Ich habe einen neuen Zugang zu meinen Kollegen gefunden. Ich kann nun viel intensiver auf sie eingehen und gehe insgesamt offener auf Menschen zu. Ich spüre viel schneller meine eigenen Bedürfnisse, und dadurch auch die meiner Gäste und meines Personals. Vor allen Dingen habe ich auch den Mut, das zu leben, was ich innerlich wahrnehme. Ich danke Reiki sehr dafür.«

So sorgt die Reiki-Energie dafür, daß sich Verstand und Intuition harmonisch ergänzen.

Kreativität und Inspiration

Schon öfters erwähnte ich, daß Reiki-Einweihungen reinigend wirken und dem Menschen innerlich Raum und Weite geben. Durch die hohe Schwingung von Reiki lösen sich alte Blockaden, Verdichtungen und auch schwere Gedankenmuster (negative Gedanken). Sie können sich sicherlich denken, daß bei einem Menschen, der schwere Gedanken und somit entsprechend schwere Gemütszustände hat, wenig Raum für Inspiration und neue Sichtweisen ist. So können viele Menschen oftmals aus ihrem eigenen Gesichtsfeld nicht mehr auftauchen und Neuland für sich entdecken.

Die Reiki-Energie erweitert den inneren Raum, und dadurch tauchen neue Perspektiven und Ansätze auf. Es ist, als drehe jemand einen »Kreativitätshahn« auf, aus dem nun neue Ideen, Konzepte und Impulse fließen. Künstler berichten staunend nach dem Reiki-Seminar, wie sie deutlich mehr Inspiration empfinden. Sie beschreiben es, als fließe ihnen über das obere Energiezentrum Energie zu, die sie inspiriert und ihnen neue Ideen vermittelt (= Eingebungen). Ich selbst mache seit Jahren ähnliche Erfahrungen beim Sprechen und Schreiben. Ich fühle mich von Reiki dabei sehr unterstützt und bin in meinem Kopf so frei für meine Formulierungen, daß ich oft selbst erstaunt bin. Ich finde immer die richtigen Worte und kann mich voller Freude anderen Menschen ohne Konzept mitteilen. Dieser Kreativitätsbereich öffnet sich genauso stark bei Malern, Musikern, Schauspielern und bei allen Menschen, die sich in kreativen Berufen zum Ausdruck bringen. Reiki weckt Begeisterung und Lebensfreude. Es kann durchaus sein, daß ein Teilnehmer nach seinem Reiki-Seminar den Beruf wechseln möchte. Er spürt, daß die alten Schuhe zu eng geworden sind und daß er sich zu einem anderen Betätigungsfeld hingezogen fühlt. Wenn Sie in der Ausübung Ihres Berufes Trägheit und Langeweile und keine

Kraft mehr dafür haben, so sollten Sie sich innerlich über neue Ziele klar werden. Reiki bringt Sie Ihren wirklichen Bedürfnissen sehr nah. Die Energie schafft Klarheit, und dadurch gewinnen Sie Vertrauen und die Lust, sich zu verändern.

Reiki und Berufung

Vom Beruf in die Berufung zu gehen, voller Begeisterung und Freude seinen Tag zu leben – ist das nicht erstrebenswert?

Ich erwähnte schon, daß durch die Reiki-Energie für den einzelnen stark spürbar wird, wo sein Platz ist – im beruflichen und persönlichen Bereich seines Lebens. Meistens fließen beide Bereiche dann sehr stark ineinander, wenn der Beruf innerlich Erfüllung und Freude bedeutet. Ich hatte vor einiger Zeit einen sehr netten Metzger mit einem großen Betrieb in meinen Kursen. Er war nach dem I. Grad schon so begeistert und innerlich berührt, daß er das Bedürfnis hatte, bald auch den II. Grad zu erhalten. Er entdeckte soviel Freude beim Behandeln von kranken Tieren(!) und konnte dabei so gute Erfolge für sich verbuchen, daß er bald beschloß, eine Reiki-Praxis zu eröffnen. Er ist gerade dabei, die dazu nötigen Schritte einzuleiten. In ihm fand ein sehr starker Prozeß der Neuorientierung statt. Seine Leidenschaft, Menschen und Tiere zu behandeln, wurde durch Reiki geweckt und macht ihn, wie er selbst sagt, zu dem glücklichsten Menschen. Für alle anderen um ihn ist sein Prozeß sehr sicht- und spürbar, da seine Augen jetzt stärker leuchten und er mitteilsamer geworden ist. Während dieser Zeit ereilte ihn ein schweres Schicksal. Sein achtzehnjähriger Sohn verunglückte mit dem Motorrad und ist seitdem gelähmt im Rollstuhl. Er sollte das Metzgergeschäft seiner Eltern übernehmen.

Trotzdem hat dieser schwere Schicksalsschlag die Familie nicht überrollt. Es ist, als würde Reiki die ganze Familie mit einem positiven Energiefeld durchdringen. Alle sind so zuversichtlich und unterstützen sich gegenseitig mit aller Kraft. Für mich ist das wie ein Wunder. Ich denke, ohne den Einfluß von Reiki wäre manch einer aus der Familie wahrscheinlich innerlich verzweifelt und hätte stark mit dem Schicksal gehadert! Vor einigen Tagen haben sich der Sohn und die Tochter zum I.-Grad-Kurs angemeldet. Das freut mich zutiefst.

Eine andere nette, junge Ehefrau und Mutter von zwei kleinen Kindern fühlt sich seit ihrem I. Reiki-Grad sehr stark zu feinstofflichen Heilmethoden hingezogen. Seitdem befaßt sie sich mit Bachblüten und Meditation. Sie strahlt und ist glücklich.

Eine Stewardeß berichtet, daß für sie die Reiki-Anwendung sehr wichtig ist, um die Zeit- und Klima-Umstellungen besser zu verkraften. Außerdem hat sie im Flugzeug immer etwas »in der Hand«, um Soforthilfe zu leisten – sei es beim Flugpersonal oder bei den Gästen.

Viele berufstätige Menschen berichten, daß kaum eine andere Methode so leicht und schnell im beruflichen Alltag anwendbar ist. Reiki ist unglaublich einfach und wirkt trotzdem so stark, daß immer mehr Menschen Zugang dazu finden. Ich bin sehr dankbar für alle Methoden der Selbsthilfe, durch die wir zu einem freud- und kraftvollen Leben finden können.

Reiki und die Entwicklung unserer Persönlichkeit

Liebe deine Feinde,
denn sie sagen dir deine Fehler.
(Benjamin Franklin)

Ich lernte Reiki in einer Zeit kennen, in der ich einen längeren starken Selbsterfahrungsprozeß in einer Gruppe mitmachte. Damals hatte ich keinen akuten Anlaß, einen solchen Kurs zu besuchen, außer dem Wunsch zu lernen, mich zu entspannen. Erst in den Jahren der Anwendung aller Grade habe ich die Kraft und die Unterstützung von Reiki in allen meinen Lebensbereichen erfahren. Die Reiki-Energie wirkt am Anfang oft eher »leise« und sanft. Ich habe damals diese Energie unterschätzt bzw. konnte die Bandbreite ihrer Wirkungsweise noch nicht erkennen. Im Laufe der Entwicklung meiner eigenen Persönlichkeit spielte Reiki eine immer größere Rolle. Auch in den Zeiten, in denen ich Reiki selten aktiv in Form von Energieübertragungen weitergegeben habe, war Reiki immer anwesend. Da Reiki pure essentielle Lebensenergie ist, ist sie natürlich immer da, auch dann, wenn wir diese Tatsache manchmal »vergessen«. Ähnlich ist es ja mit vielen Dingen, die uns selbstverständlich begleiten, wie z. B. der Tag- und Nachtrhythmus, Körperreaktionen wie Hunger und Durst, das Verlangen nach Nähe und Wärme oder einfach das Bewußtsein, ein Teil des Universums zu sein und zu leben.

Natürlich wirken alle Reiki-Grade gemeinsam auf die Persönlichkeitsentwicklung. Es gibt jedoch unterschiedliche Qualitäten eines jeden Grades und vor allen Dingen verschiedene Anwendungstechniken. Dieses Kapitel bezieht sich einerseits auf die Anwendung des I. Reiki-Grades, stärker jedoch auf die Praxis mit dem II. Reiki-Grad.

Reiki ist weit mehr als Handauflegen. Im I.Reiki-Grad erlernen Sie einerseits Positionen, wie Sie die Hände auflegen können; das ist ein körperlicher Aspekt von Reiki. Was andererseits hinzukommt, ist, daß durch die hochschwingende Reiki-Energie, die beim I. Grad über die Hände und beim II. Grad über die Reiki-Symbole übertragen wird, seelische und geistige Prozesse angeregt werden. Die Reiki-Energie aktiviert bei allen Graden in uns die Selbstheilungskräfte. Medizinisch ausgedrückt könnten diese Kräfte auch die sein, die das Immunsystem stärken. Ein Mensch, der mit sich nicht im Gleichgewicht ist, ist sehr anfällig für Krankheiten. Sie kennen das sicherlich aus Ihrem Leben, daß wenn es Ihnen überaus gut geht und Sie glücklich sind, Sie sich auch gesund und leistungsfähig fühlen. In diesen Zeiten haben Sie viel Energie zur Verfügung, Sie »strahlen« diese Kraft nach außen ab. Die Augen glänzen, und Ihr Gesicht hat einen positiven, freundlichen Gesichtsausdruck. Es ist längst schon erwiesen, daß Lächeln und eine insgesamt positive Lebenseinstellung das Immunsystem stärken.

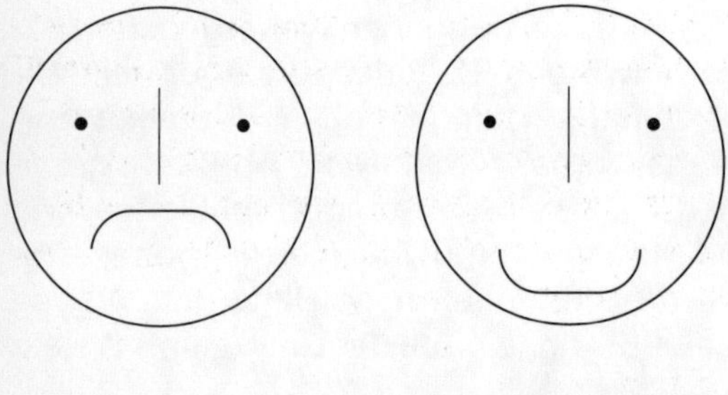

Zeichnung 2 Bitte halten Sie jeweils mit der einen Hand das eine Bild zu und lassen das andere auf sich wirken. Merken Sie einen Unterschied?

Lassen Sie beide Zeichnungen separat auf sich wirken.
Zu welchem Ergebnis kommen Sie?

Schafft Raum in euch und seid nicht beengt;
und versucht bis zuletzt, euer größeres Selbst zu sein.
(Khalil Gibran)

Vor kurzem las ich in der Wochenendausgabe einer Tageszeitung einen Artikel unter der Überschrift »Optimisten leben länger«. Interessant finde ich einige Untersuchungen zu diesem Thema: Wissenschaftler vom US Institut in Salisbury haben herausgefunden, daß die Erkältungsgefahr desto geringer ist, je positiver die Lebenseinstellung. Dazu wurden Testpersonen Schnupfenviren gespritzt. Anschließend mußten die Probanden in durchnäßter Kleidung und feuchten Strümpfen durch zugige Korridore spazieren. Doch nur ein Viertel bekam tatsächlich eine Erkältung, der (optimistischere) Rest blieb verschont.

Eine finnisch-amerikanische Forschergruppe kam nach einer mehrjährigen Studie sogar zu dem Ergebnis, daß Pessimisten früher sterben. Die Gefahr, einen tödlichen Herzinfakt zu erleiden, ist für sie zweieinhalbmal so hoch wie für Optimisten. Dazu gibt es noch den anschaulichen Fall eines Arbeiters, der aus Versehen abends in einem Kühlhaus eingeschlossen wurde. Am nächsten Morgen war der Mann tot, obwohl die Kühlanlage überhaupt nicht in Betrieb war. Er hätte noch leben können, wenn er als Optimist geglaubt hätte, daß die Kühlanlage wirklich nicht angeschaltet war. (Andererseits ist dieses Ereignis ein überzeugendes Beispiel, was mentale Einstellung bewirken kann.)

Der Unzufriedene findet
keinen bequemen Stuhl.
(Benjamin Franklin)

Positives Schwingungsfeld durch Reiki

Das Geheimnis all derer,
die Erfindungen machen,
ist, nichts für unmöglich anzusehen.
(Justus von Liebig)

Ich habe mir schon in jungen Jahren immer gewünscht, ständig verliebt zu sein. Damals wußte ich jedoch noch nichts von höheren Schwingungen und positiven Energiefeldern. Das Bedürfnis nach diesem Zustand ist mir bis heute erhalten geblieben. Inzwischen weiß ich, daß dieses Gefühlserleben nicht nur über einen Partner möglich ist, sondern auch über andere »Auslöser«. Ich habe in den Jahren entdeckt, daß ich es in mir selbst erzeugen und aus mir hervorbringen kann. Es ist nicht unbedingt nötig, einen äußeren Anstoß dazu zu haben. Die Erkenntnis, nicht mehr Opfer meiner Umstände zu sein, war für mich ein großer Durchbruch in meiner Entwicklung. Über die Arbeit mit meinem Inneren und durch meine berufliche Tätigkeit erlebte ich immer stärker, daß in jedem Menschen ein riesiges Potential an Liebe, Glückseligkeit, Frieden, Vollkommenheit und Gesundheit angelegt ist.

Wir alle können diesen mitgegebenen Schatz wiederentdecken und lebendig werden lassen. Für einen Menschen, der bereit ist, sich in seine innere Tiefe einzulassen, gibt es viele Möglichkeiten. Ihm stehen alle Türen offen.

Wenn Sie, lieber Leser, auf der Suche sind, finden Sie in den vielen Formen der Gruppen- und Einzelarbeit im Bereich der Persönlichkeitsentwicklung sicherlich genau das Richtige für Sie.

Ich habe in den letzten Jahren durch Rebirthing (sehr intensive Atemtechnik), Feuerlaufen (man läuft barfuß über 700 Grad Celsius heiße Glut), Kommunikationstechniken verschiedener Art, Körpertherapien und natürlich Reiki meine

Persönlichkeit erst einmal »entdeckt«. Die vielen Facetten haben sich entfaltet und gestärkt. Ich erlebte in Übungen innere Grenzüberschreitungen, die mir manchmal Angst machten. Für mich war es ganz wichtig, auch durch diese unangenehmen Blockaden durchzugehen und nicht wie früher davor stehenzubleiben. Die anstehenden Dinge nur mit Angst, Unsicherheit und Zweifeln tun zu können, ist für mich nämlich ein nachhaltiger Eindruck aus dieser Zeit.

Mein größtes Schlüsselerlebnis war damals die Erfahrung des Feuerlaufs. Innerhalb eines Trainingstages werden alle Teilnehmer darauf vorbereitet, in der Nacht barfuß über einen Teppich von 700 Grad Celsius heißer Glut zu laufen. Bereits die vorangehenden Übungen im Seminar sind sehr »heiß«, weil es da um sehr persönliche Themen der Teilnehmer geht. »Wovor hast du am meisten Angst in deinem Leben?«, das war die Frage, die mich im Seminar an meine inneren Grenzen führte. Ich beleuchtete alle Bereiche meines Lebens und deklarierte für mich neue, kraftvolle Ziele: Gesundheit, Partnerschaft, Erfüllung im Beruf ...

Als dann in der Nacht der Feuerlauf war, hat mich irgendeine Kraft unverletzt über die Glut geführt! Ich habe erst im nachhinein begriffen, was das für eine gewaltige Erfahrung für mich war. Es ist möglich, mit Angst und Unsicherheit heil durch das Feuer zu gehen! Von da an begann eine intensive, lebendige und kostbare Zeit für mich. Mein Mann und ich integrieren heute den Feuerlauf in unser Training. Ich bin seit dem ersten Mal hundertfach über die heiße Glut gelaufen. Unsere Teilnehmer erleben dieses Phänomen genauso kraftvoll und intensiv wie ich damals. Es ist eine der tiefgreifendsten Erfahrungen, die alle Ebenen im Menschen erfaßt und mich immer wieder hoch motiviert und neu begeistert.

All die positiven Erfahrungen, die ich für mich in Jahren gewinnen durfte, haben mich motiviert, dieses »Wissen« auf verschiedenen Ebenen beruflich an andere Menschen weiterzugeben. Dadurch habe ich zu meiner Berufung und Erfüllung gefunden. In diesen etwa 10 Jahren hat mich Reiki wie ein treuer Freund begleitet. Heute weiß ich, daß ich dadurch viel Klarheit bekommen habe und mich in einem positiven Kraftfeld bewegen konnte. Alles, was ich tat, wurde durch die Reiki-Energie mitunterstützt. Das ist mir erst im nachhinein bewußt geworden.

Das Auflösen negativer Denk- und Verhaltensmuster

Mit sich im Gleichgewicht zu sein heißt, in seinem innersten Zentrum zu ruhen und dort Frieden und Kraft zu spüren. Da können die Gefühlswogen und die Gedankenwolken des Lebens in jeder Schattierung da sein, kommen und gehen, innen ist stets ein neutraler Pol, der unabhängig von den Gefühlen und Gedanken immer gleich bleibt. Ich nenne dieses Zentrum gerne den »Lichtteil« in uns, der vollkommen und »ganz« ist. Um diesen Teil überhaupt spüren zu können und als die Urquelle von Energie wahrzunehmen, ist auch in diesem Bereich Training notwendig. In der Arbeit mit der eigenen Persönlichkeit, in Form von Gruppen- oder Einzelarbeit, ist es möglich, diesem Teil immer näher zu kommen. Die Hindernisse und Widerstände, die uns Erwachsenen den sofortigen Zugang zu diesem Teil verwehren, werden Blockaden genannt. Sie haben meistens ihren Ursprung in den frühen Kindheitsjahren, manchmal sind es auch noch spätere Prägungen.

Blockaden können sich auf allen drei Persönlichkeitsebenen festsetzen. Manche Menschen erleben im körperlichen Bereich äußerst schmerzhafte Symptome, andere erleben mehr im seelischen Bereich Unstimmigkeiten bis hin zur Depression. Menschen, die mehr im geistigen Bereich blockiert sind, spüren die elementare, spirituelle und religiöse Verbindung zur Schöpferkraft nicht mehr. Meistens ist es so, daß diese Menschen das »Urvertrauen« in sich selbst und damit in den Lauf des Lebens verloren haben. Aus diesem oft unbewußten Verlust heraus kommt es zu zwischenmenschlichen Störungen wie hohen Scheidungsraten, vermehrter Kriminalität und negativen Gewaltdarstellungen in den Medien, um nur einige Beispiele zu nennen.

Gewinnt ein Mensch wieder Vertrauen in sich selbst, spürt sein Energie-, Liebes- und Friedenspotential und beginnt, seine Qualitäten zu leben, verändert er sich von innen nach außen, und mit ihm verändert sich sein Umfeld, sein Leben! Seine Beziehungen klären sich, seine Vitalität und Gesundheit werden gestärkt, und seine Gesamtpersönlichkeit wird von einem positiven Energiefeld umgeben. Alles auf dieser Welt hat mit Schwingung zu tun – deshalb wird dieser Mensch ähnliche Menschen durch seine positive Ausstrahlung anziehen. Auf einmal merkt er, daß in seinem Umfeld fast nur noch Menschen auftauchen, die ihm positiv zugetan sind. Die Ursache liegt in ihm selbst! Das alte Sprichwort: »Wie man in den Wald hineinruft, so schallt es heraus«, beschreibt genau dieses Phänomen.

Es ist möglich, unser Unterbewußtsein auf Lebensfreude, Glück, Gesundheit und Erfolg zu programmieren. Dazu ist es notwendig, einige massive Verhaltensmuster und Glaubenssätze (= Meinungen über sich selbst) aufzulösen, die Sie daran hindern, glücklich und gesund zu sein. Hierbei spricht man von Mentaltraining, da der Ansatz zur Umwandlung im Gedankenbereich liegt.

Jeder Spitzensportler ist mental sehr stark. Ist in seinem Bewußtsein nicht der Glaubenssatz: »Ich gewinne hundertprozentig!« verankert, hat er trotz körperlichen Trainings kaum eine Chance zu gewinnen; und wer möchte immer nur Zweiter oder Dritter sein?

Prüfen Sie bei sich selbst, lieber Leser, in welchem Bereich Ihres Lebens Sie gerne die Nummer Eins sein möchten. Untersuchen Sie, welche inneren Glaubenssätze, wie z. B.: »Ich schaff' das ja doch nicht!«, oder »Ich habe das gar nicht verdient!«, in Ihnen eingespeichert sind. Diese Glaubenssätze verhindern in einem ganz bestimmten Bereich Ihres Lebens den vollkommenen Erfolg. Durch bestimmte Umprogrammierungen, die Sie vornehmen können, lassen sich diese Sätze auflösen und durch positive ersetzen.

Hier die Glaubenssätze (und Meinungen, die wir über uns selbst haben), die uns am allermeisten behindern:

Negative Glaubenssätze

- Ich bin nicht gut genug.
- Ich bin nicht liebenswert.
- Ich schaffe das nicht.
- Ich habe nicht genug Geld, Zeit ...
- Ich bin zu dick, alt, wertlos ...
- Das gehört sich nicht.
- Was sagen die anderen dazu?
- Männer/Frauen tun das nicht.
- Spirituelle Menschen sind nicht wütend.
-
-
-
-
-
-
-
-
-
-

Ergänzen Sie die Liste um alle »Ihre« negativen Glaubenssätze.

Diese alten Glaubenssätze sitzen im Bereich der Gedanken (= mentaler Bereich), im seelischen (= emotionalen) Bereich und im körperlichen (= physischen) Bereich. Ein ganzheitliches Persönlichkeitstraining spricht alle drei Bereiche des Menschen an. Es beinhaltet Mentaltraining, Gefühlsarbeit, Körperarbeit und spirituelle Begleitung. Reiki-Energiearbeit ist ganzheitlich, da die Energie je nach Bedarf des Empfängers in alle Ebenen fließt und die Blockaden ans Tageslicht bringt, welche dem vollkommen gesunden Teil in uns im Wege stehen. Ich finde es sehr mutig und gleichzeitig sehr lohnenswert, sich seinem eigenen »Schatten« zu stellen, um sein Leben zutiefst erfüllt zu erfahren.

Mentaltraining und Affirmationstechnik

Die Seele denkt nie ohne Bild.
(Aristoteles)

Besonders gut lassen sich alte Glaubenssätze mit dem II. Reiki-Grad auflösen. Sie können hierbei zwei Methoden miteinander verbinden. Sie haben die blockierenden Glaubenssätze bereits kennengelernt. Um unser Unterbewußtsein neu zu programmieren, braucht es positive Glaubenssätze (= Affirmationen). Es dürfen nur positive Inhalte und Formulierungen im Satz enthalten sein. Sie nehmen einen für Sie negativen Satz, wie »Ich bin nicht liebenswert«, und wandeln ihn um in einen positiven Satz: »Ich liebe mich und alles, was ich tue.« Sie lassen den positiven Satz in Ihren Gedanken immer wieder auftauchen und stoppen sofort den negativen, falls er wiederkommt. Formulieren Sie entsprechend einen Ihrer negativen Sätze in einen positiven um.

Wichtig ist, daß Sie emotional in diesen neuen, positiven Satz eintauchen. Entwerfen Sie innere Bilder dazu, und erleben Sie sich in Ihrer Phantasie so, als wäre dieser Satz bereits Realität für Sie. Haben Sie diesen Zustand erreicht, dann wenden Sie die II.-Grad-Technik an. Dadurch geben Sie Energie auf Ihr inneres Bild und stärken Ihren neuen positiven Satz. Ergänzen Sie dieses innere Bild mit einer körperlichen Geste, umarmen Sie sich beispielsweise selbst dabei. Dann haben Sie alle drei Bereiche miteinbezogen, und Ihr Unterbewußtsein speichert das neue Programm. Dieser Vorgang dauert nur wenige Minuten. Durch mehrmaliges Wiederholen gibt es eine Energieverstärkung, und Sie sind immer schneller in dem von Ihnen gewünschten Zustand. Das funktioniert bei allen positiven Sätzen so. Wichtig ist, daß Sie nur Ihrem positiven Satz innerlich Aufmerksamkeit schenken. Mit der Zeit ergibt sich ein Schwingungsfeld aus Ihrem Inneren heraus, und Sie werden das von Ihnen Gewünschte automatisch anziehen. Genauso können Sie im Gesundheitsbereich Mentaltraining und Reiki verbinden:

Sie überprüfen, welche Glaubenssätze Sie daran hindern, vollkommen gesund zu sein. Das könnte ein Satz sein wie: »Im Falle meiner Krankheit gibt es keine Hoffnung.«

Sie wandeln diesen negativen Satz, der Sie bislang beeinflußte, um in einen für Sie positiven Satz, wie etwa: »Ich habe alle Chancen der Welt, gesund zu werden.«

Sie erleben diesen Satz im Bild, in Ihren Gefühlen und körperlich, wie im ersten Beispiel beschrieben. Wichtig ist, daß Sie dazu die Reiki-Energie mit dem II. Grad fließen lassen. Reiki verstärkt das positive Energiefeld und löst verdichtete Strukturen im Bewußtsein. Mag sein, daß Ihnen die Affirmationen zu positiv und optimal erscheinen. Dann haben Sie genau den richtigen Satz gewählt, denn unser Unterbewußtsein liefert oft erst einmal Widerstände. Lange haben wir geglaubt, daß alles ganz anders ist, deshalb wird oftmals durch die positiven Sätze, Bilder und Emotionen das Gegenteil aktiviert, und Sie denken: »Das kann ich nicht glauben!« oder »Fauler Zauber« und ähnliches. Wenn solche Sätze aus

Ihrem Inneren kommen, einfach wegziehen lassen und mit dem positiven Energiebild weitermachen.

Bewußtseinsarbeit ist Training! Wiederholen Sie Ihre wichtigsten Sätze so oft sie mögen und können. Am besten sickern diese Botschaften natürlich im entspannten Zustand in Ihr Unterbewußtsein. Deshalb empfehle ich, sich wenn möglich gleichzeitig eine Reiki-Anwendung zu gönnen. Ich nütze gerne Flüge, Zugfahrten, Wartezeiten und ähnliche Situationen für mein Mentaltraining.

Erwarte immer das Beste,
und das Beste wird geschehen!
(Joseph Murphy)

Wenn Sie noch tiefer in den inneren Prozeß eintauchen wollen, empfehle ich Ihnen, sich für eine gruppendynamische Auseinandersetzung zu öffnen. Jede tiefe Arbeit mit dem Unterbewußtsein braucht irgendwann fachkundige Unterstützung.

Es gibt viele sehr gute Therapeuten und Trainer, die Sie in Ihren individuellen Bedürfnissen eine gewisse Zeit begleiten können. Trauen Sie sich auch, damit in eine Selbsterfahrungsgruppe zu gehen oder ein ganzheitliches Persönlichkeitstraining mitzumachen. Sie werden beruhigt feststellen, daß andere Menschen sehr ähnlich gelagerte Probleme haben. Sie lernen, sich anderen in der Gruppe über Ihre Gefühle mitzuteilen, und es entsteht ein Feld von Unterstützung und Motivation.

Was wäre ein Spitzensportler ohne Team?
Was wäre ein Chef ohne seine Mitarbeiter?
Was wäre ein Priester ohne Gemeinde?

Hier einige Beispiele für positive Sätze = Affirmationen:

Positive Glaubenssätze

- Ich bin schlank.
- Ich bin ein Spitzen-Sportler.
- Ich bin völlig gesund.
- Ich bin selbstbewußt und stark.
- Ich zeige meine liebevollen Gefühle.
- Ich habe eine wunderbare Beziehung.
- Ich habe meinen Traumberuf.
-
-
-
-
-
-
-
-
-
-
-
-
-
-
-

Ergänzen Sie diese Liste um alle »Ihre« positiven Glaubenssätze. Wichtig: Verwenden Sie nur positive Formulierungen, also kein: »nicht« oder »nie(mals)« (falsch ist z. B.: »Ich möchte nicht dick sein«)! Unser Unterbewußtsein »versteht« Verneinungen wie »nicht« nicht. Beispiel: »Stellen Sie sich keine rosaroten Elefanten vor«! Was taucht bei Ihnen auf? Rosarote Elefanten.

Die Grundregeln zusammengefaßt:

1. Erkennen Sie Ihren negativen Glaubenssatz.
2. Finden Sie einen für Sie positiven Satz.
3. Formulieren Sie ihn gänzlich positiv, für Sie optimal und großzügig.
4. Lassen Sie dazu ein inneres Bild entstehen (positiv).
5. Tauchen Sie gefühlsmäßig in Satz und Bild, und gehen Sie davon aus: »Es ist schon so.«
6. Machen Sie dazu eine Körpergeste (Umarmung, Bewegung). Schicken Sie auf dieses Bild Reiki-Energie, und lassen Sie Ihrer Phantasie freien Lauf.
8. Wiederholen Sie, so oft Sie können, diesen Vorgang – möglichst im entspannten Zustand.
9. Legen Sie sich dabei die Hände auf und verstärken so durch den II. Reiki-Grad das Energiefeld Ihres Bildes.

Die Menschen machen immer
die Verhältnisse für
das verantwortlich, was sie sind.
Ich glaube nicht an Verhältnisse.
Menschen, die es im Leben
zu etwas bringen, machen sich
auf den Weg und suchen
sich die Verhältnisse selbst,
die sie haben möchten.
(George Bernard Shaw)

Reiki und die persönliche Ausstrahlung

Je öfter Sie Reiki im Mentalbereich für sich nützen und trainieren, desto mehr stärkt sich Ihr Selbstvertrauen. Ich bemerke bei ehemaligen Kursteilnehmern, daß sie durch die Beschäftigung mit ihrem Inneren, ihren Wünschen und Themen sich selbst näher kommen. Das gibt Selbstvertrauen, Mut und Kraft. Ich staune manchmal, wie sehr sich ihre Ausstrahlung durch Reiki verändert hat. Ehemals schüchterne und introvertierte Menschen wirken nach einiger Zeit offen, und sie können auf Menschen zugehen. Ich erlebe die positive und kraftvolle Veränderung der persönlichen Ausstrahlung als einen großen Gewinn. Gerade in Berufen, in denen der Mensch in seinem Gesamterscheinen gefragt ist, finde ich, ist Schulung und Training ein »Muß«.

Wie heißt es so schön: »Der erste Eindruck gewinnt, der letzte bleibt.« In den ersten Bruchteilen von Sekunden der Begegnung entscheidet sich, ob uns jemand sympathisch ist oder wir eher einen vorsichtigen Standpunkt einnehmen. So hat natürlich derjenige alle Trümpfe in der Hand, der von Anfang bis Ende der Begegnung eine offene, positive Ausstrahlung besitzt.

Es ist in allen Bereichen des Lebens von Vorteil, sei es im privaten oder im beruflichen Bereich. Wenn Sie wohlwollend, offen und freundlich auf die Menschen zugehen, öffnen sich für beide sofort alle Türen. Wenn Sie sich einige Zeit im Reiki-Einfluß befinden, wird diese Verhaltensweise mit ein Ergebnis von Reiki sein.

Natürlich gibt es eine Vielfalt an Übungen, die Sie zusätzlich anwenden können, um Ihre Ausstrahlung zu verstärken. Schon alleine die Körperhaltung, die Sie bei einem Vorstellungsgespräch einnehmen, ist überaus wichtig. Eine offene, aufrichtige Körperhaltung wirkt sich auch auf Ihr Gefühl aus und vermittelt dem Gegenüber: »Ich bin offen für dich.«

Sie können folgende Übung wiederholt machen. Sie stärkt das Selbstbewußtsein und gibt Ihnen das Gefühl von Sicherheit und Kompetenz:

Zentrierübung »Energie-Baum«

1. Sie stehen mit aufrechter Körperhaltung so, daß Ihre Füße etwa schulterbreit auseinanderstehen.
2. Die Arme hängen seitlich nach unten.
3. Ihr Kopf sitzt gerade auf, und die Augen sind leicht geschlossen.
4. Nehmen Sie zu Beginn drei tiefe Atemzüge. Dabei nehmen Sie beim Einatmen neue Energie auf und geben beim Ausatmen alles mit weg, was Sie schwer macht.
5. Breiten Sie beide Arme rechts und links nach oben aus.
6. Stellen Sie sich vor, daß Sie über Ihr Kronen-Chakra und über Ihre Hände kosmische Energie aufnehmen, und diese Ihren ganzen Körper durchströmt und stärkt.
7. Stellen Sie sich vor und empfinden Sie, wie die Lebensenergie Sie vollkommen erfüllt.
8. Über Ihre Füße spüren Sie den Kontakt zur Erde. Denken Sie sich nun eine energetische Verlängerung (»Wurzeln«), die bis ins Erdinnere hineinragt. Sie werden von der Erde gehalten und bekommen über Ihre Wurzeln Energie. Ihre Füße saugen diese Kraft aus der Erde ein.
9. Spüren Sie, wie Sie überall Energie aufnehmen und sich diese in Ihrem Körper ausdehnt.
10. Lassen Sie nun vor Ihrem inneren Auge einen für Sie passenden Baum auftauchen.
11. Gehen Sie mit Ihrem Bewußtsein in diesen Baum, und stellen Sie sich vor, daß Sie der Baum sind.
12. Wiegen Sie Ihre »Baumkrone« und Ihre »Äste« hin und her und spüren Sie, wie Ihre Wurzeln tief in der Erde verankert sind.
13. Bleiben Sie einige Zeit in dieser Haltung, und atmen Sie dabei ruhig und gleichmäßig.

14. Genießen Sie die Kraft, die Sie als Baum empfinden, die Verwurzelung in der Erde und gleichzeitig im oberen Körperbereich die Ausdehnung seitlich und nach oben.
15. Gehen Sie nun mit Ihrer Aufmerksamkeit in Ihr Herzzentrum.
16. Stellen Sie sich vor, daß Sie Wärme, Offenheit und Sympathie ausstrahlen.
17. In dieser offenen Körperhaltung gehen Sie nun innerlich auf einen Gesprächspartner zu. Lächeln Sie dabei.
18. Spüren Sie, wie es Ihnen und dem anderen dabei geht.
19. Öffnen Sie Ihre Augen, und gehen Sie nun tatsächlich auf einen imaginären Partner zu – offen, sicher und sympathisch.
20. Wiederholen Sie diese Übung mehrmals.

Diese Zentrierübung können Sie auch vor Auftritten praktizieren, wie vor Vorträgen und Präsentationen, oder wenn Sie etwas vorsingen möchten. Bei Bühnenauftritten stellen Sie sich zusätzlich vor, wie das Publikum Ihnen applaudiert und sich über Ihren Beitrag freut. Bei einer Präsentation sehen Sie dabei innerlich lächelnde und zustimmende Gesichter, die wohlwollend zuhören. Bei einem Verkaufsgespräch stellen Sie sich vor, wie das Ergebnis für Sie und Ihren Partner sein wird.

Je mehr Sie in Ruhe in Ihrer Vorstellung und in Ihren Gefühlen in diese Situationen eintauchen, desto stärker werden Sie positiv ausstrahlen, was Sie beabsichtigen. Ich finde, es ist sehr lohnenswert, sich immer wieder zu fragen: »Wie komme ich an?«, bei Menschen und Situationen, wo es »darauf ankommt«. Oftmals wundern sich Kursteilnehmer, wenn ich sie darauf aufmerksam mache, wie verschlossen und abweisend sie nach außen wirken. Sie empfinden es selbst meistens ganz anders – die Selbsteinschätzung ist meistens konträr zur Fremdeinschätzung. Andere Menschen wirken wiederum sehr positiv nach außen und denken über sich genau das Gegenteil. Deshalb ist die Rückmeldung eines kompetenten Trainers oder eines Bekannten sehr hilfreich. Schade, wenn einem durch »Nichtwissen« wertvolle Kontakte zur Umwelt verlorengehen.

Eine andere schöne Möglichkeit ist, sich bei den Reiki-Anwendungen gleichzeitig vorzustellen, wie sich die eigene Aura (Energiefeld um den physischen Körper) immer mehr ausdehnt. Bei jedem Atemzug stellen Sie sich vor, wie Ihre Aura Strahlkraft und Schwingung bekommt. Gleichzeitig visualisieren Sie eine Ihnen angenehme Farbe mit in die Ausdehnung, die die Strahlkraft noch verstärkt. Ich mache die Übung gerne als Meditation und dehne mein Energiefeld über die ganze Erdkugel aus. Dabei verbinde ich mich innerlich mit den Qualitäten Frieden, Harmonie und Liebe für meine Familie und für alle Bewohner dieser Erde.

Diese Übung mit einer Gruppe zu machen ist ein inneres Erlebnis. Die Energie verstärkt sich, und somit bekommt diese Gruppe von Menschen eine starke Ausstrahlung. Dadurch kann eine innere Vision, »Frieden ist möglich«, immer wieder gestärkt werden.

Mit Reiki magnetische Ziele entwickeln

Setze dein Ziel nur groß genug,
dann richten sich die Umstände nach dem Ziel.
(Mahatma Gandhi)

Kennen Sie die magnetische Kraft klarer, authentischer und großer Ziele im Leben?

Ich habe in unseren Motivationstrainings immer wieder Menschen erlebt, die nie gelernt haben, Ziele zu haben, diese dann zu formulieren und zu verwirklichen. Ich habe oft erlebt, welche Befreiung es für diejenigen ist, in sich endlich welche zu entdecken und sie aussprechen zu dürfen. Wenn Sie Ziele in Ihrem Leben haben, für die es sich lohnt, Ihre Kraft dafür voll einzusetzen, so wirken die Ziele wie Norden oder Süden bei einem Kompaß. Ihr Leben bekommt eine energetische Ausrichtung, das heißt die Kompaßnadel richtet sich eindeutig aus. Kein bekannter Schauspieler oder Spitzensportler hat sicherlich ohne ganz klare Ziele seinen Erfolg erreicht. (Arnold Schwarzenegger wußte als Fünfzehnjähriger, daß er einmal Mr. Universum wird. Unserem Bundeskanzler Kohl ging es mit fünfzehn Jahren ähnlich, und Michael Schuhmacher trug seine Erfolge als Rennfahrer schon als kleiner Junge in seinem Bewußtsein.) Irgendwann wurde auch schon Jahre vor der Verwirklichung der erste Mondflug als fernes Ziel verbal »in die Welt gesetzt«.

Starke und klare Ziele formulieren, sie mit Sehnsucht, Begeisterung, Leidenschaft und Herzensenergie innerlich aufladen und die notwendigen Aktionen dazu zu unternehmen, scheint mir ein »Erfolgsrezept« zu sein. Diesem Thema widme ich besondere Aufmerksamkeit, da es für mich einer der wichtigsten und kreativsten Bereiche in der menschlichen Persönlichkeitsentwicklung ist. Mir macht es Mut, Menschen zu motivieren, ihrem Leben einen Sinn zu geben, mit Begeisterung und Leidenschaft ihre Sehnsüchte zu verwirklichen, wie es auch in den folgenden Versen zum Ausdruck kommt:

Ich bin eins mit der Macht,
die mich geschaffen hat,
und diese Macht hat mir die Kraft gegeben,
meine Lebensumstände selbst zu gestalten.
Ich erfreue mich an der Erkenntnis,
die Macht über meinen Geist zu haben,
ihn auf jede Art, die ich wähle, zu benützen.
(Louise L. Hay)

Was hat Reiki mit Leidenschaft und Herzenswünschen zu tun? Erlauben Sie es, lieber Leser, daß wir gemeinsam den Bezug dazu herstellen:

Denken Sie jetzt an einen Herzenswunsch, der ganz tief in Ihrem Inneren existiert. Lassen Sie ihn vor Ihrem inneren Auge auftauchen, und spüren Sie, was sich bei Ihnen gefühlsmäßig verändert. Halten Sie für einige Minuten inne, und legen Sie dabei Ihre Hände auf Ihr Herzzentrum.

Tiefe Herzenswünsche fühlen sich »warm«, oft sogar »heiß« an; es ist manchmal ein Prickeln dabei und auch ein bißchen Druckgefühl im Herzensbereich. Es können Gefühle, bestehend aus Weite, Helligkeit, Glückseligkeit, Spannung, Brennen, vielleicht sogar ein bißchen Schmerz, Aufatmen-Wollen und Aufregung auftauchen. Auch das Körpergefühl kann sich ändern; die Wangen werden warm und rosa, der Hals wird heiß und oftmals rot, und die Atmung ist schneller. Es kommt etwas in Bewegung, ins Fließen, und es fühlt sich sehr »lebendig« an. Das ist Lebensenergie, Reiki, die dabei »anspringt«, als würde einer den Zündschlüssel in einem Schloß umdrehen. Falls Sie bei der Übung eher »lauwarme« Gefühle haben, dann gehen Sie in einen noch tieferen Bereich Ihres Herzens und trauen sich, dort Ihre Wünsche zu erspüren. Vielleicht ist es ungewohnt für Sie, innerlich so bewußt in den Wunschbereich des Herzens einzutauchen. Das ist für viele Menschen so, denn meistens erlauben wir es uns nicht, uns die Zeit und Ruhe dazu zu nehmen.

Um an späterer Stelle eine kraftvolle Zielbestimmung machen zu können, brauchen Sie Ihre Herzensenergie, die aus Ihren Herzenswünschen entsteht. Deshalb bitte ich Sie, Ihr Gefühlserleben während dieser Übung in Erinnerung zu behalten. Oftmals erlebe ich in unseren Trainings Teilnehmer, die ein sehr gutes Mentaltraining beherrschen. Sie wirken auf mich etwas zu sehr »verkopft« und sehr sachlich. Ich habe oft das Gefühl, daß in ihrer Technik etwas fehlt. Diese Teilnehmer wundern sich manchmal auch, daß sich Ihre Ziele nicht so recht erfüllen. Nur positives Denken reicht einfach nicht, die Bewußtseinsarbeit muß tiefer greifen. Meine Erfahrung ist, daß die Herzensenergie zusätzlich zum Mentaltraining eine ganz wichtige Rolle spielt. Wenn Sie sich ein gestecktes Ziel nicht wirklich aus dem tiefsten Inneren herbeisehnen und Ihre Leidenschaft (Motivation) dafür entzünden, hat es zu wenig magnetische Anziehungskraft! Überlegen Sie an dieser Stelle, welche Wünsche sich in Ihrem Leben erfüllt haben. Sicherlich die, die Sie sich »herbeigesehnt« haben und die in Ihrem Inneren sehr lebendig waren. Ich nenne ein auf allen Ebenen entwickeltes Ziel ein »magnetisches Ziel«.

Ein magnetisch wirkendes Ziel hat ein starkes Energiefeld, welches die Umstände, die es zu seiner Verwirklichung braucht, anzieht. Es hat eine Sog-Wirkung auf seine Umgebung. Umstände, die dem Ziel nicht dienen, fallen automatisch weg. Je klarer und entschlossener formuliert, je größer in seiner Herausforderung und je gefühlvoller das Ziel »aufgeladen« ist, desto stärker ist seine Anziehungskraft und Ausstrahlung. Reiki-Energie weckt in Ihnen Sehnsüchte und Leidenschaft.

Eine Darstellung in Modellform könnte aussehen wie das Modell auf der nächsten Seite.

Dieses Modell ist auch auf Gemeinschaften wie Familie, Teams, Unternehmen und andere menschliche Bereiche übertragbar.

Wenn ein Unternehmen eine starke Vision hat, die einzelnen Mitarbeiter emotional damit verbunden sind und alle einen übergeordneten Sinn (»Firmenphilosophie«) in ihrer Arbeit sehen, muß das für das Unternehmen zum Erfolg führen. Natürlich verstehe ich Erfolg auf allen Ebenen – für die Mitarbeiter und für die Führungsebene. Ein Unternehmen mit ganzheitlich geschulten Mitarbeitern wird zum magneti-

Gedankenenergie +	Herzensenergie +	spirituelle Energie
Entschlossenheit	Intuition	Reiki
positives Denken	Gefühle	Meditation
Affirmationen	Herzenswünsche	Philosophie
Visionen	innere Anliegen	Glaube an eine
Ideen, Träume	tiefe Sehnsucht	göttliche Existenz

→ **Energiefeld**
(anziehend und ausstrahlend)

→ **magnetisches Ziel**

schen Kraftfeld. Es zieht in seiner jeweiligen Ausrichtung Umstände (Kunden, Aufträge) an, die genau in das Schwingungsfeld des Unternehmens passen. Mein Mann und ich haben etliche Firmen so trainiert, und sie machen äußerst positive Erfahrungen damit.

Das gleiche Phänomen Energiefeld können Sie an Plätzen vorfinden, die von vielen, oftmals kranken Menschen aufgesucht werden. An heiligen Stätten wie Lourdes, Fatima, Medjugorje oder in Indien in verschiedenen Ashrams wird viel gebetet, meditiert und gehofft.

Die meisten der Besucher haben dort ein ähnliches Grundanliegen und Verlangen. Sie schaffen dadurch ein heilendes, kraftvolles Energiefeld, in dem mitunter »Wunder« passieren können. Wenn viele Menschen zusammen positive Energien erschaffen, bekommt dieses Kraftfeld einen enormen Einfluß auf jeden einzelnen und wirkt gleichzeitig stark auf die Umgebung.

Diese Energien sind kosmische Kräfte (Reiki) und unabhängig von Zeit und Raum, deshalb können sie auch Gebiete der Erde erreichen, die geographisch weit weg sind.

Im umgekehrten Fall können sich Energiefelder auch negativ aufladen. Das entsteht nach dem gleichen Prinzip, denn im Universum gibt es kein »Gut« und »Böse«. In diesem Fall ziehen sich negative Umstände an, die ein negatives Ziel als Ergebnis haben (beispielsweise häufen sich oftmals Unfälle, Schicksalsschläge, Mißerfolge, Pechsträhnen). Es ist möglich, solche Energiefelder mental/energetisch »umzupolen«.

Übung: Magnetische Ziele formulieren

Gehen Sie am Anfang genauso vor, wie bei dem Thema: Lösen von negativen Glaubenssätzen (siehe S. 122ff.).

1. Erkennen Sie in Ihrem tiefsten Inneren einen Ihrer Herzenswünsche.
2. Formulieren Sie diesen für sich positiv, optimal und großzügig, in der Gegenwart, z. B.: »Ich lebe eine glückliche, erfüllte Partnerbeziehung.« oder »Ich führe ein Unternehmen mit Spitzenerfolg«.
3. Lassen Sie dazu ein inneres Bild entstehen (Vision).
4. Tauchen Sie gefühlsmäßig in Ihr inneres Bild, und gehen Sie davon aus: »Es ist schon so.«
5. Erleben Sie Ihre Vision mit allen positiven Gefühlen, die damit verbunden sind.
6. Erlauben Sie sich, tief in Ihrem Herzen Sehnsucht nach dem Wunsch zu empfinden. Dabei können Körpergefühle wie Wärme, Leichtigkeit und Weite entstehen.
7. Lassen Sie Ihre Vision mit Ihrem inneren Verlangen im entspannten Zustand zusammenfließen.
8. Gestalten Sie Ihre inneren Eindrücke so lebendig, bunt und hell wie möglich.
9. Machen Sie sich zum Hauptdarsteller dieser Szenen (so optimal wie möglich).
10. Stärken Sie die Energie dieses belebten Bildes mit dem II. Reiki-Grad.

11. Formulieren Sie zusätzlich Ihren Herzenswunsch als »magnetisches Ziel« in Form einer Ich-Botschaft und in der Gegenwart. Beispiel: »Ich, (Vorname), bin eine starke, selbstbewußte und gesunde Frau« oder »Ich, (Vorname), bin ein Vollprofi im Verkauf. Meine Firma ist weltweit an der Spitze.«
12. Wiederholen Sie diesen Vorgang so oft wie möglich im entspannten Zustand.
13. Handeln Sie!

Notieren Sie jetzt frei aus Ihrem Herzen heraus Ihre Wünsche in den folgenden Lebensbereichen auf:

Meine Herzenswünsche	
Gesundheit	•
	•
	•
Beziehungen/ Partnerschaft	•
	•
	•
Beruf/Erfolg	•
	•
	•
Spiritualität	•
	•
	•

Schön finde ich immer wieder den Aspekt, Dankbarkeit einfließen zu lassen für all das, was bereits ist. So gewinnen Sie Zufriedenheit und Anerkennung für das bereits Bestehende. Wenn Sie das verinnerlichen und trainieren, werden Sie selbst zu Ihrem Ziel, und Ihre Persönlichkeit wird zum positiven Magnetfeld. Sie ziehen das an, was Sie sich innerlich mit allen Fasern wünschen und was Sie mit Herzensenergie erfüllen. Sie werden erfahren, wie sich in Ihnen ein Feuer der Begeisterung und Leidenschaft entzündet und Sie daraus ein hochmotiviertes und zutiefst erfülltes Leben führen.

Insgesamt erlebe ich die energetische Betrachtungsweise der Dinge als sehr interessant und vielseitig. Vieles ist auf diese Weise erklärbar und dadurch mehr verständlich. Mir ist es ein Anliegen, Ihnen und anderen Menschen die Wichtigkeit unserer energetischen Ausstrahlung nahezubringen. Wenn Sie vielleicht mit der Einstellung leben: »Ich kann doch sowieso nichts bewirken auf dieser Welt«, erlauben Sie sich, Mut zu haben und Ihre eigene Wichtigkeit zu empfinden.

Wenn Sie in diesem Bereich Reiki anwenden, werden Sie Ihre Wünsche inniger spüren können. Sie stoßen auf einen Urquell von Lebensenergie in sich, und ich wünsche Ihnen, daß Sie dadurch zu einem vollkommen glücklichen, energievollen und gesunden Leben finden.

Reiki und die Klärung von Beziehungen

Unser Leben besteht von A bis Z aus Beziehungen. Unsere Umgebung spiegelt ständig wider, was in unserem Innersten Realität ist. Wir gehen Beziehungen ein zu anderen Menschen, zu Lebensmitteln, Pflanzen, Geld, Autos und so weiter.

Überall wo wir auftauchen, besteht die Gelegenheit, im Spiegel des Gegenübers eigene Eigenschaften zu sehen. Ob es Ihre Kinder, Ihr Chef, Ihr Lebenspartner oder Ihre Mutter ist, überall gilt das gleiche Prinzip. Im Grunde leben Sie jetzt als Erwachsener Muster ähnlich denen, die Sie als Kind im Elternhaus gelernt haben.

Wenn Sie in einer Beziehung Schwierigkeiten haben, so überprüfen Sie kurz für sich, mit wem in Ihrer Kindheit diese Person Ähnlichkeiten hat.

1. Schließen Sie Ihre Augen, und gehen Sie im entspannten Zustand zurück in Ihre Kindheit.
2. Legen Sie Ihre Hände auf Ihr Herz-Chakra.
3. Lassen Sie die Personen, mit denen Sie als Kind hauptsächlich zusammen waren, vor Ihrem inneren Auge auftauchen.
4. Fühlen Sie die Gegenwart dieser Menschen.
5. Nun lassen Sie die Person, mit der Sie gegenwärtig Schwierigkeiten haben, dazukommen.
6. Beobachten Sie Ihre Gefühle, und achten Sie auf ähnliche Gefühlsreaktionen, die sowohl die »früheren« Menschen bei Ihnen auslösen als auch die Person, die Sie in der Gegenwart blockiert.

Meistens ist es so, daß das Problem in den Kindheitsjahren seine Ursache hat. Deshalb wird aus Ihrer Erinnerung sicherlich jemand auftauchen, der schon einmal diese Schwierigkeit in Ihnen auslöste. Es können Vater, Mutter, Oma, Opa oder auch Lehrer gewesen sein. Wenn Sie beispielsweise immer wieder feststellen, daß Sie bei ganz bestimmten Männern innerlich zusammenschrumpfen und Ihnen die Stimme im Hals steckenbleibt, haben Sie mit diesen Männern ein Autoritätsproblem. Oftmals sind genau diese Männer sogar Ihre Vorgesetzten. In diesen unangenehmen Beziehungen spiegelt sich sicherlich ein altes Verhaltensmuster, welches früh in Ihrer Kindheit vielleicht durch Ihren Vater geprägt wurde. Der »heutige« Mann ist lediglich der Auslöser für die »alten« Gefühle, weil er Sie in Ihrem Unterbewußtsein an Ihren Vater erinnert. Lösen Sie diese blockierte Programmierung, dann werden Sie insgesamt Ihr »Autoritätsproblem« mit bestimmten Personen gelöst haben.

Aus meiner Erfahrung gibt es verschiedene Möglichkeiten, Beziehungen zu klären. Ich sehe Reiki als eine gute Möglichkeit, mit dem II. Grad Klärungsarbeit zu beginnen und durch Energie zu unterstützen.

1. Sie stellen sich die Beteiligten der Beziehung innerlich vor. Sind Sie selbst beteiligt, so nehmen Sie sich als Bezugspunkt für die Reiki-Technik.
2. Malen Sie sich nun Ihre Beziehung zum anderen so optimal wie möglich aus.
3. Beobachten Sie sorgfältig, welche Gefühle und Gedanken dabei auftauchen.
4. Sprechen Sie in Gedanken mit der anderen Person, und äußern Sie ihr gegenüber die Wünsche, die Sie an sie haben.
5. Lassen Sie so lange Reiki-Energie einfließen, bis Sie das Gefühl haben, Sie können in Harmonie mit der Person sein.
6. Entlassen Sie Ihr inneres Bild mit einem Lächeln.

Wiederholen Sie je nach Bedarf diese Übung, und handeln Sie, wenn Sie Impulse zum Handeln verspüren. Es könnte z. B. sein, daß Sie das Bedürfnis haben, mit dem betreffenden Menschen ein Gespräch zu führen. Dann tun Sie genau das, was in Ihnen ist, und Sie werden feststellen, daß Sie sich energetisch gut darauf vorbereitet haben.

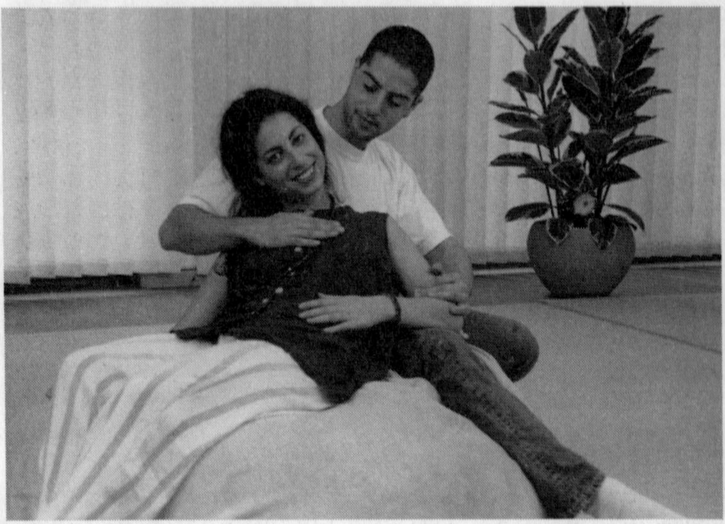

Abb. 39
Reiki in Beziehungen
Wenn einer oder beide Partner Reiki gelernt haben, so geben sie dem anderen Reiki bei jeder Berührung: bei Umarmungen, beim Kuscheln, bei jedem Händedruck.
Genauso ist es auch bei Kindern. Bei jeder Berührung fließt Reiki-Energie mit zum anderen.

Das Finden des Traumpartners

Eine andere gute Möglichkeit, Reiki II. Grad anzuwenden, ist dann, wenn Sie sich einen Partner wünschen. Gerne darf es auch der zukünftige Traummann oder die Traumfrau sein. Ich empfehle diese Übung in allen meinen II.-Grad-Reiki-Kursen, und ich habe gute Ergebnisse damit erlebt.

Wichtig dabei ist, daß Sie in einer ruhigen Minute innerlich überprüfen, ob Sie wirklich bereit sind, Ihren Traumpartner kennenzulernen. Heißt die Antwort »ja«, dann nehmen Sie folgende Übung als Unterstützung:

1. Legen Sie Schreibzeug bereit.
2. Gehen Sie in einen entspannten Zustand mit Reiki-Anwendungen (Hand auf das Herz-Chakra).
3. Lassen Sie nun Ihren Traumpartner auftauchen; Ihr inneres Auge und Ihre Gefühle lassen diesen Menschen ganz genau da sein.
4. Beginnen Sie im entspannten Zustand alles aufzuschreiben, was Ihnen bezüglich Ihres Traumpartners wichtig ist. Alles, was aus Ihrem Unterbewußtsein an Wünschen auftaucht, ist in Ordnung.
5. Notieren Sie Alter, Haarfarbe, Größe, Beruf, Einkommen, innere Werte, besondere Eigenschaften (wie Treue, Kinderliebe ...) ganz exakt.
6. Schicken Sie mit dem II. Reiki-Grad Energie auf Ihre »Wunschliste« und auf Ihren Traumpartner.
7. Lassen Sie diese »äußerliche Liste« innerlich ganz stark werden.
8. Aktivieren Sie Ihre Gefühle dazu, und stellen Sie sich vor, daß es diesen einen Menschen hundertprozentig gibt, und daß Sie sich sicher treffen werden.
9. Bleiben Sie in dieser Haltung, und wiederholen Sie, so oft Sie können, diese Übung.

10. Überlassen Sie letztlich der kosmischen Energie das »Wie« und das »Wann«, wichtig ist Ihr Wunsch.

Wunschliste Traumpartner

-
-
-
-
-
-
-
-
-
-
-
-
-

Einmal forderte ich einen Teilnehmer in einem meiner II.-Grad-Reiki-Kurse auf, diese Liste zu schreiben, nachdem ich wußte, daß er gerne seine Traumfrau treffen wollte. Als er am Schreiben war, spürte ich bereits, daß die Erfüllung seines Wunsches schon ganz in seiner Nähe war! Meine damalige Assistentin Gerti stand neben ihm, als er schrieb, und währenddessen wurde ihm, ihr und auch mir blitzartig klar, daß Gerti seine Traumpartnerin ist. Die beiden sind noch heute (nach drei Jahren) glücklich zusammen.

Auch ich habe damals vor ungefähr zehn Jahren auf meinen noch unbekannten Traummann Reiki geschickt. Meine Bereitschaft, endlich den Mann kennenzulernen, mit dem ich eine glückliche Beziehung dauerhaft leben kann, war sehr groß. Außerdem war ich damals bereit, alle inneren Türen zuzumachen, die ich mir früher gerne offenhielt, um mich nicht

»ganz« einlassen zu müssen. So schickte ich diesem einen Mann, der irgendwo auf mich wartete, sechs Monate regelmäßig Reiki. Meine Entschlossenheit und Sehnsucht nach ihm wurde immer stärker. Bis ich ihn dann am 4. April 1987 kennenlernte. Ich wußte innerlich sofort, daß er »es« ist! Es ging alles sehr schnell nach dem Kennenlernen. Drei Monate später bin ich zu ihm gezogen, und noch drei Monate später haben wir geheiratet. Im darauffolgenden Jahr kam unser erster Sohn Simon zur Welt, drei Jahre später unser Sohn Elias, und heute sind wir neun Jahre glücklich zusammen.

Auch Reimar, mein Mann, erzählte mir, daß er in den sechs Monaten vor unserem Kennenlernen eine bestehende Beziehung gelöst hatte. Er hatte sich mental auf seine Traumpartnerin vorbereitet und mich dann, als er innerlich bereit war, getroffen. Welch ein Glück!

Die Energieübertragung kommt immer an; manchmal sind die Ergebnisse nicht ganz so schnell sichtbar wie in den beschriebenen Beispielen. Deshalb gilt hier: totales inneres Loslassen und die Energie »machen lassen«.

Stimmen Sie sich selbst immer wieder mental und emotional auf Ihr Ziel, bzw. auf Ihr Wunschbild ein. Sie müssen Ihr Ziel immer vor Augen haben.

Ähnliche »Wunschlisten« können Sie auch bei der Haus- oder Wohnungssuche schreiben. Bitte »bestellen« Sie sehr genau beim Universum, denn schon eine winzige Kleinigkeit, die Sie vergessen, wirkt sich auf das Ergebnis aus. Bei Häusern und Wohnungen planen Sie z. B. die Farbe der Kacheln im Badezimmer mit ein und wieviel Quadratmeter Garten Sie haben möchten.

Vielleicht klingen diese Beispiele zu »einfach« für Sie – Widerstände kommen hoch, und Sie denken: »Das gibt es doch nicht!« Verständlich, doch probieren Sie selbst, und handeln Sie – denken Sie daran, daß die Energie grenzenlos ist und daß alles möglich ist.

Anleitung zur Tiefenentspannung mit Reiki

Sie können zu diesem Text eine passende Hintergrundmusik auswählen, ihn auf eine Kassette sprechen und bei Bedarf (z. B. im Auto) abspielen lassen. Die Übung ist gut im Sitzen durchführbar. Im Liegen ist der Ablauf genauso (bitte ändern Sie die Anleitung entsprechend):

1. Schließen Sie bitte Ihre Augen, und nehmen Sie eine bequeme Sitzhaltung ein.
2. Atmen Sie zu Beginn dreimal tief ein und aus. Dabei lassen Sie beim Ausatmen alles mit los, was Sie innerlich belastet.
3. Achten Sie darauf, daß Ihre Beine senkrecht auf dem Boden stehen und Ihre Füße den Boden berühren.
4. Ihre Körperhaltung ist aufrecht, und die Schultern sind möglichst weit auseinandergenommen.
5. Ihre Hände berühren Ihren Körper, z. B. auf dem Herz-Chakra.
6. Stellen Sie sich bitte vor, daß über Ihr oberstes Energiezentrum (Kronen-Chakra) aus dem Universum Energie in Sie hineinfließt (vorstellbar als Lichtstrahl, Wärme oder Farbe für Sie). Diese Energie hat die Eigenschaft zu entspannen und zu lösen.
7. Diese Energie erfüllt Ihren Kopfbereich. Sie fließt angenehm und leicht in den Hinterkopf und löst dort Verspannungen und Blockaden bis zum Nackenbereich. Genauso erreicht die Entspannungsenergie (EE) den vorderen Bereich Ihres Kopfes. Der Gedankenbereich ist leicht und frei. Beide Augen entspannen, die Nase und al-

les, was zum Mund gehört. Der Oberkiefer ist entspannt, der Unterkiefer und die Zunge. Sogar Ihre Kopfhaut und die Gesichtshaut sind entspannt und erfrischt.

8. Die EE breitet sich weiter nach unten aus. Sie erreicht Ihre Schultern, links und rechts, und löst dort Schmerzen und Verspannungen. Die Schultern sind leicht und warm. Die Energie fließt weiter zu beiden Armen, bis zu beiden Händen. Sie spüren den warmen Kontakt Ihrer Hände auf Ihrem Körper.
9. Die EE erreicht nun den vorderen Bereich Ihrer Brust, die Atmung. Die Lungenbläschen entspannen sich, der ganze Atembereich ist gelöst und frei.
10. Die EE fließt nun in die Mitte Ihrer Brust, zum Herzzentrum. Hier erfüllt die Energie den Bereich der Liebe und des Mitgefühls zu Ihnen selbst und zu anderen Lebewesen. Stellen Sie sich vor, daß eine Rosenknospe sich an dieser Stelle dem Licht und der Wärme immer mehr öffnet und ihre Schönheit erstrahlen läßt. Ihre Liebesfähigkeit und Ihre Wärme dürfen sich in vollem Ausmaß entfalten. An dieser Stelle dürfen Sie all die Menschen in Ihr Bewußtsein mit hineinnehmen, die Ihnen nahestehen.
11. Die EE erreicht nun Ihr Energiezentrum Sonnengeflecht – die Magengegend (eine Handbreit über dem Nabel). Der Magenbereich entspannt sich und das Sonnengeflecht lädt sich auf mit neuer Kraft.
12. Die EE fließt jetzt in Ihren Bauchbereich – dieser darf sich wohlig warm und weich anfühlen. Die beiden unteren Energiezentren laden sich auf mit neuer Kraft, und die ganzen Bauchorgane entspannen sich dabei. Sie fühlen sich voller Lebenskraft, Vitalität und Lebendigkeit.
13. Die EE fließt über die Oberschenkel, über die Beine entspannend bis hinunter zu den Füßen.
14. Die Füße fühlen sich warm und weich an, und Sie spüren den Kontakt zum Boden unter Ihnen.

15. Genießen Sie Ihren entspannten Zustand, und spüren Sie bewußt Ihre innere Ruhe, Ihr inneres Zentrum und dessen Kraft.
16. Bleiben Sie einige Minuten in diesem Zustand, und nützen Sie, wenn Sie möchten, die Entspannung für Ihr Mentaltraining (siehe S. 125ff.).
17. Bevor Sie »zurückkommen«, beschleunigen Sie bitte Ihren Atem, bewegen einige Körperteile und öffnen dann Ihre Augen. Lassen Sie sich Zeit, um gut zurückzukommen. Strecken Sie sich, und sagen Sie sich: »Ich bin erfrischt und vollkommen wach.«

Während dieser Übung den Atem ruhig und entspannt fließen lassen. Ab und zu seufzen tut gut und unterstützt den Loslaßprozeß.

Reiki und Rhetorik

In dir muß brennen,
was du in anderen entzünden willst.
(Augustinus)

Seit ich mich erinnern kann, haben mich Menschen beeindruckt, die mit einem Feuer der Begeisterung sprechen konnten, die damit Menschenherzen bewegten und mir dadurch nachhaltig in Erinnerung geblieben sind. Durch meinen Beruf als Seminarleiterin bedingt, entwickelte sich schon lange der Wunsch in mir, mich rhetorisch ausbilden zu lassen. Vor einigen Jahren hatte ich dann die Gelegenheit, zusammen mit meinem Mann eine entsprechende Ausbildung zu machen, die etwas über ein Jahr dauerte. Wir hatten das Glück, uns bei einem Professor ausbilden lassen zu können, der selbst auch Reiki praktizierte. Er hat in früheren Jahren Schauspieler geschult und sich im Alter von mir zum Reiki-Lehrer ausbilden lassen. Nun lehrt er Reiki in allen Graden. Durch ihn erfuhr ich die Entwicklung meiner eigenen Stimme, die richtige Atemtechnik, und vor allen Dingen ermutigte er mich sehr, meine Persönlichkeit zum »Strahlen« zu bringen. Nicht die Techniken alleine verhalfen mir dazu, sondern sehr stark die unsichtbare »Anwesenheit« von Reiki, das dem Training eine ganz besondere Note gegeben hat.

Heute spüre ich deutlich, wie Reiki mir hilft, vor Vorträgen oder Interviews zu entspannen. Meine Stimme bekommt durch die Ruhe Kraft, klingt voll und bleibt nicht »im Hals stecken«. Ich fühle mich beim Sprechen ruhig und zentriert. Verbunden mit der richtigen Atemtechnik, fördert eine Reiki-Anwendung vor dem »Auftritt« die Konzentration, nimmt das Lampenfieber und stärkt das Selbstbewußtsein.

Die Energieübertragung kann mit den Händen erfolgen oder per Fernübertragung durch einen anderen. Durch die Anwendung der II.-Grad-Technik kann man schon lange vor dem entsprechenden Termin für Entspannung und Gelassenheit sorgen. Das gleiche gilt übrigens auch für mündliche Prüfungen, Bewerbungsgespräche und ähnliche »Mutproben«.

Einige Künstler, die ich kenne, entdecken, daß sich durch Reiki ihre Sensibilität, ihre Wahrnehmungsfähigkeit und ihr Selbstausdruck verstärkt.

Meine Erfahrung ist, daß die Reiki-Energie das »innere Feuer« des Sprechers aktiviert. Er teilt sich lebendig und von seinem Thema durchdrungen seinen Zuhörern mit und bewegt sie dadurch innerlich. Mir ist in den Jahren sehr bewußt geworden, daß jedes Wort eine besondere Schwingung und dementsprechend auch eine Auswirkung auf das Umfeld hat. Nicht nur das Denken hat Bedeutung für unser Leben, sondern auch das, was und wie wir sprechen. Sprache kann sehr heilsam sein. Mit Musik verbunden, kann sie wie Medizin wirken! Ein begnadeter Redner, Schauspieler oder Sänger strahlt eine angenehme und wohltuende Energie aus. Deshalb ziehen gute Künstler viele Menschen an! Über den Klang der Stimme und die Schwingung der Worte ist es möglich, Menschen in ihrem Innersten zu berühren. Das bleibt in Erinnerung!

Sie kennen sicherlich Situationen, in denen Menschen von etwas sprechen und dabei bei Ihnen ein komisches Gefühl hinterlassen.

Sie spüren, daß bei Ihnen Langeweile auftaucht, und vielleicht schalten Sie sogar innerlich ab. Dann waren es sicherlich »leere Worte«, die nicht einmal durch eine brillante Rhetoriktechnik bei Ihnen angekommen wären. Worte, die bei Menschen momentan und nachhaltig wirken, werden begleitet von Schwingungen aus dem Seelen- und Herzensbereich. Das ist eine fast magische Ausstrahlung, die der andere wahrnimmt und ihn aufmerksam zuhören läßt.

Bei einem Menschen kann der innere Zugang zur eigenen Intuition und Seelentiefe durch Reiki-Energie »freigelegt« werden. Die gesprochenen Worte bekommen dadurch Lebendigkeit, Wärme und Klarheit. Bei dem Sprechenden verstärkt sich die persönliche Ausstrahlung und, wie schon erwähnt, seine magische Anziehungskraft auf seine Zuhörer.

Wenn Sie, lieber Leser, einen Beruf ausüben, der mit Kommunikation und Selbstausdruck zu tun hat, empfehle ich Ihnen, sich durch die Reiki-Energie unterstützen zu lassen. Sie lernen im Seminar, leicht und schnell zu entspannen und sich zu zentrieren. Mit der Zeit öffnet sich Ihr Kehlkopf-Chakra immer mehr und die Stimmbänder entspannen sich. Der Atembereich wird weit, und die Stimme klingt dadurch voller und wird meistens tiefer.

Auch wenn Sie im Verkauf arbeiten, im direkten Kundenkontakt oder am Telefon, ist eine wohlklingende Stimme ganz entscheidend, besonders für den Erstkontakt. Nehmen Sie sich innerlich mehr Ruhe, und genießen Sie den Klang Ihrer Stimme. Wenn Sie die Reiki-Energie kombinieren mit fachlicher Anleitung, wird Sie dies in Ihrer Entwicklung sehr unterstützen.

Hätten wir das Wort,
hätten wir die Sprache,
wir bräuchten die Waffen nicht.
(Ingeborg Bachmann)

Reiki – ein Beitrag zum Weltfrieden

Im Laufe meiner Reiki-Erfahrungen haben ich immer mehr festgestellt, daß die Reiki-Energiearbeit auch eine sehr politische Arbeit ist. Um Politik zu machen, muß nicht jeder auf das Podium gehen oder sich als Minister wählen lassen. Ich erlebe in den Reiki-Seminaren bei den Teilnehmern soviel Wandlung und Bereitschaft im Inneren, Frieden zu schließen, daß ich selbst jedes Mal tief berührt bin. Am allermeisten wird in allen Seminaren meine innere Einstellung gestärkt, daß Frieden wirklich »schnell« möglich ist. In den Entspannungsübungen und Energiekreisen führe ich die Teilnehmer in ihrer Phantasie in ein Land, in dem es unbegrenzte Möglichkeiten gibt. Ein Land, wo Frieden herrscht, in dem die Menschen gesund, satt und glücklich sind und die Kinder fröhlich spielen. Ich bitte dann die Teilnehmer, diese Energie auf unseren Erdball zu übertragen, sich vorzustellen, wie alle Menschen, Religionen, Hautfarben und Nationen sich im Frieden die Hände reichen und miteinander glücklich sind. Dazu spielt dann eine passende Musik (wie »Heal the world« von M. Jackson), und wir spüren alle in unseren Herzen eine starke Sehnsucht, die manchmal sogar wehtut und uns zu Tränen rührt.

Ich habe schon mit sehr vielen Menschen diese Meditationen für den Weltfrieden durchgeführt, und die Gefühle der Menschen dabei sind überall gleich. Die Sehnsucht nach Geborgenheit, Einheit und Frieden sitzt in jedem von uns sehr, sehr tief und läßt uns dadurch auch unsere Gemeinsamkeit erfahren. Eine Vision, die ich seit längerer Zeit in mir trage, ist, gemeinsam mit vielen Menschen aller Nationen, Religionen und Hautfarben einen großen Feuerlauf durchzuführen. Mit einem Lauf über 700 Grad Celsius heiße Glut grenzüberschreitend für den Frieden auf der Welt ein Zeichen zu setzen ist mein Ziel.

Ich bewundere alle »großen« Menschen, wie Gandhi, Martin Luther King, Mutter Theresa und Nelson Mandela, um nur einige zu nennen, die sich dem Friedensthema verschrieben haben. Ich bewundere genauso alle anderen Menschen, die jeden Tag ihr Leben leben, die versuchen, auf ihre Art einen guten Einfluß auf ihre »kleine« Welt zu nehmen. Jede Mutter und jeden Vater, die ihren Kindern Wärme und Liebe vermitteln, jeden Chef, der seinen Mitarbeitern auch ein soziales Netz zukommen läßt, und jede Krankenschwester, die einem Kranken die Hand hält, und ... – diese Reihe läßt sich endlos fortsetzen.

Frieden und Politik beginnt im Inneren eines jeden einzelnen von uns. Wenn immer mehr Menschen bereit sind, ihre unversöhnten Beziehungen zu klären und sich zu verzeihen, wenn wir alle bereit sind, unsere innere »Mördergrube« aufzuräumen, entsteht »draußen« in der Welt Friedensenergie. Solange Menschen darauf warten, daß Politiker Frieden »machen«, also die Verantwortung nach oben abgeben und nicht selbst übernehmen, werden sich Menschen immer grausam bekämpfen.

Reiki-Energie hat die Eigenschaft, Menschen auf ihre ursprüngliche Friedensenergie einzuschwingen. Natürlicherweise lösen sich Blockaden auf, die wir verhärtet um unser Herz und um unsere Seele gelagert haben. Dieses Lösen fühlt sich manchmal schmerzhaft an, doch ist der Mensch dann »durchgegangen«, ist es danach wie eine große Befreiung.

Ich finde, daß es sehr mutig ist, sich in der heutigen Zeit für den Frieden zu engagieren, ohne dabei sein »Gesicht« zu verlieren.

Friedensarbeit ist meiner Meinung nach Bewußtseinsarbeit. Die Energien der Zeit und der Beginn des sogenannten »Wassermann-Zeitalters« nehmen Einfluß auf uns Menschen und unterstützen Transformationsprozesse auf allen Ebenen unseres Seins. Es braucht unsere ganze Bereitschaft, uns einzulassen und Verantwortung für ein friedvolles, engagiertes und freudvolles Leben für uns alle zu übernehmen.

Warum kann es nicht »Mode« sein, sich für den Frieden zu engagieren, so ähnlich wie in den sechziger Jahren, als die Hippie-Welle ihr Anliegen von »Peace and Love« zum Ausdruck brachte?

Mein Gefühl ist, daß eine neue Friedensbewegung in uns schlummert, und ich bin sehr zuversichtlich, daß diese in den nächsten Jahren ihren Ausdruck findet.

Machen Sie mit? Es gibt für Sie einige Möglichkeiten, sich meditativ und energetisch mit anderen Menschen für den Weltfrieden zu verbinden:

Friedens-Uhr
Täglich 12 Uhr mittags
Wo immer Sie sich befinden, vertiefen Sie sich eine Minute lang in eine stille Meditation für weltweiten Frieden. Ziel: Am 1.1.2000 soll jeder Mensch auf dieser Erde daran teilnehmen.
Weitere Informationen:
Peace Clock, P.O.Box 8307
Calabasas, Ca. 91302 U.S.A.

Welt-Heilungs-Meditation
31.12. jährlich, 12 Uhr Greenwich Zeit (13 Uhr MEZ) und am letzten Tag eines Monats.
Die Meditation findet weltweit statt und wurde am 31.12.1986 mit 41 Millionen Menschen begonnen. Die Zahl der Teilnehmer wuchs mit jedem Jahr!
Infos bei:
The Planetary Commission for Global Healing
c/o The Quartus Foundation
P.O.Box 27230, Austin, Texas 78755-1230 U.S.A

Mit Reiki zum Weltfrieden
Jeden Sonntag von 18.00 bis 18.15 Uhr.
– Für alle Reiki-Freunde –

PEACE 21st Friedensmeditation
Immer am 21.3., 21.6., 21.9., 21.12.,
um 19.00 Uhr Ortszeit.

Reiki und Religion

Reiki ist in seinem Wesen überkonfessionell. Es ist keiner Religion wie etwa dem Christentum, dem Islam, dem Judentum, dem Buddhismus oder dem Hinduismus zugehörig.

Reiki ist auch keine extra Religion oder »Ersatzreligion«. Reiki ist pure Energie, also frei von Glaubensrichtungen und Weltanschauungen. Jedes Lebewesen der Erde hat natürlichen Zugang zu dieser Energie, sie steht uns allen in Fülle zur Verfügung. Oft wird diese Energie »göttlich« genannt oder so wie im Christentum als »Licht« bezeichnet. Alle Benennungen wollen nur eines ausdrücken: Reiki ist die allerhöchste Schwingung des Universums, die uns lebendig sein läßt, uns durchdringt und mit Lebenskraft erfüllt. Viele Reiki-Teilnehmer erleben in ihren Kursen eine tiefe Dankbarkeit in ihrem Herzen, eine unendliche Weite in ihrem Bewußtsein und eine innige Verbundenheit mit der Schöpfung. Sie bekommen durch Reiki eine Ahnung von der Unendlichkeit, eine Sehnsucht nach vollkommener Liebe wird wach, und viele spüren ein »Aufgehoben-Sein« und ein »Getragen-Werden« von einer höheren Kraft. Ich glaube, schöner läßt sich religiöses oder spirituelles Empfinden kaum beschreiben.

Dadurch, daß die Reiki-Energie Gefühle und Stimmungen hervorruft, die allgemein als »religiös« bezeichnet werden, könnte man meinen, Reiki sei eine Religion. Reiki ist eine Form, Spiritualität wiederzuentdecken. Ich glaube, daß tief in unserem Inneren jeder von uns Sehnsucht und Streben nach Wahrheit besitzt. Mir scheint, daß Reiki-Einstimmungen dazu beitragen, im Herzen des Menschen diese »Rückverbindung« zu einer Göttlichkeit im Universum und zu seiner eigenen wiederherzustellen. An sich ist Reiki frei von

Zuordnungen und kann beim einzelnen doch sehr »religiöse« Erfahrungen bewirken.

Für mich als Reiki-Lehrerin ist es höchst befreiend, ohne Dogmen, Regeln und Wertungen zu lehren und über Reiki zu sprechen. Ich weiß, daß die Energie den anderen tief im Inneren berührt, und nicht ich muß es »tun«. Ich selbst empfinde mich dabei als Vermittlerin und Werkzeug einer Energie, die mich genau zur richtigen Zeit die richtigen Worte finden läßt.

Ich habe durch Reiki gelernt, zu »überlassen« und etwas »Höheres« durch mich wirken zu lassen. Dabei erlebe ich eine unendliche gedankliche Freiheit, gewaltige Kreativitätsschübe, neue Ideen und eine sehr lebendige Inspiration. Reiki ist für mich in seiner Weite, seiner Grenzenlosigkeit und in seiner Einfachheit unendlich kraftvoll und für mein Verständnis dadurch sehr spirituell.

Ich freue mich immer darüber, wenn Teilnehmer in meinen Seminaren aus sich heraus ihre Empfindungen und Zuordnungen haben. Nicht ich muß ihnen beibringen, an was sie nun glauben müssen und welchem Guru sie jetzt zu dienen haben.

Eine große Freude war für mich ein I.-Grad-Reiki-Seminar in der Nähe von Heidelberg. Es waren zwei Nonnen aus Indien in diesem Seminar dabei, beide zutiefst im katholischen Glauben verankert. Eine Schwester ist Pflegedienstleiterin in einem Caritas-Altenheim und die andere ausgebildete Ayurveda-Ärztin. Im Reiki-Seminar begannen beide, immer mehr zu strahlen, und eine von ihnen bekam starke, religiöse Visionen während der Meditationen. Für beide war die Erfahrung mit Reiki sehr tief und eine wertvolle Erweiterung für ihre religiöse Praxis. Ich habe in diesem Seminar wieder einmal das völkerverbindende Element von Reiki erlebt – die Essenz von allem Leben. Die eine der beiden Schwestern hatte schon vor dem Reiki-Kurs im Pflegeheim Patienten durch Handauflegen behandelt. Nach ihrem Kurs empfand sie mehr Kraft in ihren Händen, mehr Schutz für sich selbst und wurde in ihrem Glauben an Gott noch mehr gestärkt.

Die junge indische Ärztin gewann im Seminar Klarheit über ihre Zukunft. Sie reiste zurück in ihre Heimat in ihr Kloster, und das war gut so. Sie konnte die gewonnene Klarheit sehr gut annehmen.

Lieber Leser, als Kind liebte ich am allermeisten die religiösen Rituale in der katholischen Kirche. Die kirchlichen Pflichten empfand ich als sehr eng und nicht immer menschenfreundlich. Ich sehnte mich im Grunde meines Herzens nach einer lebendigen und freien Religiosität. Wahrscheinlich habe ich deshalb Reiki kennengelernt, um in dieser unendlichen Weite eine sehr zentrierte Wahrheit zu finden. Dafür bin ich sehr dankbar.

Reiki-Energie und Geld

Wenn ein Mensch sein Geld
in seinem Gehirn anlegt,
kann ihm niemand
jemals etwas davon wegnehmen.
Geld, das man für geistige
Weiterentwicklung ausgibt,
bringt immer die besten
Zinsen.
(Benjamin Franklin)

Immer wieder taucht bei Reiki die Frage auf: »Darf eine Energie, die doch allen gehört, Geld kosten?«

Schon im 19. Jahrhundert hat Dr. Usui die Erfahrung machen müssen, daß es dem einzelnen, der Reiki über einen Vermittler bekommt, etwas »wert« sein muß. Dr. Usui hatte am Anfang Hunderte von Bettlern mit Reiki-Energie betreut und stellte dann einige Jahre später fest, daß sich die meisten noch an ihrem alten Platz befanden. Sie wollten ihr Leben gar nicht anders gestalten.

Dr. Usui war darüber bitterlich enttäuscht und zog aus dieser Erfahrung den Schluß, zu hinterfragen, ob der Empfänger auch wirklich bereit ist, im Leben Wandel zuzulassen. Er merkte, daß beim Gegenüber ein Wertbewußtsein da sein muß, eine innere Bereitschaft, eine Öffnung für Neues und für Veränderung.

Dieser Teil der Dr.-Usui-Legende läßt sich auf die heutige Zeit übertragen. Meine Erfahrung ist, daß Energien immer im Gleichgewicht sein müssen. Auch »Geld« ist eine Energieform und unser heutiges Mittel, um dem anderen eine Form der Anerkennung zurückzugeben. Außerdem drückt Geld im weltlich-materiellen Bereich Wertschätzung und Wertbewußtsein aus.

Jeder, der im »Helferbereich« tätig ist, sollte sowieso öfters hinterfragen, ob sein energetisches Gleichgewicht bezüglich seiner Dienstleistungen »stimmt«. Oftmals ist es so, daß es dem »Helfer« schwer fällt, für sich eine Gegenleistung anzunehmen. Er ist sehr blockiert, für eine soziale und menschliche Leistung Geld zu verlangen.

Diese Blockaden sind uralt, im Unterbewußtsein fest verankert und haben meiner Ansicht nach nichts mit dem Heute zu tun. Jede andere Dienstleistung in unserem Wirtschaftssystem wird entsprechend honoriert. Gerade deshalb finde ich es bei Reiki wichtig, seinen Wert auch auf der materiellen Ebene zu schätzen und es damit aus der engen, alten »Esoterik-Ecke« herauszuholen. In früheren Zeiten hatten die Menschen andere Mittel der Wertschätzung und des Energieaustausches, Nahrungsmittel wie z. B. Reis und Kartoffeln, Mithilfe in Haus und Garten, und ähnliches mehr.

In der heutigen Zeit ist das Geld die Form, dem anderen seine Leistung anzuerkennen. Verlangt jemand nichts für seine Eingabe, kann es sein, daß er den anderen »in seiner Schuld«, also in Abhängigkeit lassen will. Das dürfte wohl mit dem Thema »Macht« zu tun haben, das immer wieder vom einzelnen reflektiert werden sollte.

Übrigens ist es gerade mit Reiki-Energie möglich, alte negative Glaubenssätze, die mit Geld zu tun haben, herauszufinden und zu lösen (siehe S. 122ff.).

Negative Glaubenssätze zum Thema Geld

- Geld stinkt.
- Geld ist unspirituell.
- Alle Reichen sind schlecht.
- Ich bin nicht gut genug, Geld zu verdienen.
- Ich darf kein Geld für soziale und ideelle Dinge nehmen.
- Ich könnte nicht so viel verlangen.
- Meine Arbeit ist nichts wert.
-
-
-
-

Ergänzen Sie die Liste wieder um alle »Ihre« negativen Glaubenssätze zum Thema Geld.

Alles das ist veraltetes und einengendes Denken. Wahrscheinlich entdecken Sie positive, neue Sätze für Ihr Bewußtsein, die Ihr Leben mit mehr Fülle und Freude bereichern werden.

Ein Energieausgleich kann natürlich auch auf andere Weise als über Geld stattfinden. Ich freue mich z. B. sehr, wenn mir ein Teilnehmer zum offenen Reiki-Abend ein selbstgebackenes Brot mitbringt. Auch ein Blumenstrauß für eine Reiki-Anwendung ist ein Ausdruck von Anerkennung und Wertschätzung des anderen.

Für mich ist die »Reiki-Gelddiskussion« immer wieder ein Impuls, meine Einstellung zum Thema »Geld« und Wertbewußtsein zu überprüfen. Deshalb finde ich es einerseits spannend, andererseits aber auch manchmal mühsam, sich diese Frage immer wieder zu stellen.

Wenn Sie, lieber Leser, über verschiedentliche Kursangebote stolpern, die Reiki zum Teil zu »Dumping-Preisen« anbieten, halten Sie bitte inne, und überlegen Sie, was Ihnen Ihr eigenes Wachstum und Ihre Selbstentfaltung wirklich wert sind! Entscheiden Sie sich für Niveau und Qualität, auch bei Reiki.

Reiki – eine Energie, deren Zeit gekommen ist … und eine Reise in das Land der unendlichen Möglichkeiten …

Nur die Liebe zur Wahrheit
schafft Wunder.
(Johannes Kepler)

Zu Beginn dieses Buches haben Sie die Legende der Wiederentdeckung von Reiki durch Dr. Usui im 19. Jahrhundert kennengelernt. In dieser Zeit hatte die Welt noch ein anderes »Gesicht«. Die Reiki-Großmeister hüteten die alte Tradition, und Reiki war eher eine Verstärkung ihrer Meditationspraxis als eine Technik für Streßabbau und Heilung für Zivilisationskrankheiten.

Das Reiki-System nach Dr. Usui hat sich bis heute, in das 20. Jahrhundert, gehalten und sich sogar sehr rasch verbreitet. Können wir annehmen, daß die heutige Zeit und auch das, was die Zukunft uns bringt, der »richtige« Zeitpunkt für Reiki ist? Manche schreiben: Reiki »boomt«. Ist Reiki sogar Trend oder Mode?

Ein Gespräch mit einer Marketingleiterin vor kurzem hat mir zu denken gegeben. Sie sagte, daß gerade in Rezessionszeiten Menschen eher bereit sind, in die Stille zu gehen, bei sich zu sein, und es gäbe mehr Empfänglichkeit für geistige Werte und Auseinandersetzung mit sich selbst. (In Notzeiten haben die Menschen früher viel gebetet.) Sie sagte, daß in den achtziger Jahren, als der materielle Wohlstand bei fast allen Menschen sehr im Vordergrund stand, dieses

Bedürfnis nach »Innenschau« kaum zu beobachten war. Vielleicht ist es so, daß immer mehr Menschen spüren, daß es noch »mehr« braucht, als sich im materiellen Überfluß zu wissen, und daß eine bestimmte »Leere« aufkommt, wenn man innehält.

Um dieses »Mehr« aufzuspüren und mit Inhalt zu füllen, muß man auf eine Entdeckungsreise gehen, ein Abenteuer mit sich selbst eingehen und mutig erforschen: »Was will ich wirklich?«

In unserem Persönlichkeitstraining »Jetzt Ganz« führen wir die Teilnehmer oftmals auf verschiedene innere Reisen, in denen sie ihre wahren Bedürfnisse entdecken können. Aus diesem Bedürfnispotential heraus lassen sich dann Ziele entwickeln, und aus diesen Zielen kann sich eine ureigene, individuelle Lebensvision herauskristallisieren. In unseren Seminaren fragen und erarbeiten wir mit den Teilnehmern ihr zentrales Anliegen, welches sie mit auf diese Welt gebracht haben. Es ist ein sehr interessantes Thema; viele haben sehr ideelle und soziale Grundthemen, die sie verwirklichen möchten. Es ist auch unerheblich, in welchen Berufssparten die Teilnehmer arbeiten. Ob es der Verkaufsleiter einer Firma ist, eine Krankenschwester oder eine Hotelmanagerin, viele haben ein sehr ähnliches Grundanliegen. Ideal ist es, wenn der einzelne dieses Anliegen mit seinem beruflichen Thema verschmelzen lassen kann.

Reiki trägt sehr dazu bei, Menschen in die Stille und in die Entspannung zu führen. Wie schon mehrmals erwähnt, ist nur im entspannten Zustand der Zugang zum Unterbewußtsein möglich. In dieser Entspannung ist das Unterbewußtsein weich wie Wachs.

Ich möchte mit Ihnen, lieber Leser, am Ende dieses Buches in einer Entspannungsübung eine Reise machen in das Land der »unendlichen Möglichkeiten ...«:

Übung: Reise in das Land der unendlichen Möglichkeiten

1. Legen Sie bitte Papier und Stift bereit.
2. Finden Sie eine für Sie bequeme Sitz- oder Liegehaltung.
3. Atmen Sie zu Beginn dreimal tief ein und aus. Lassen Sie beim Ausatmen alles Schwere los, und nehmen Sie beim Einatmen neue, leichte Energie auf.
4. Spüren Sie und stellen Sie sich vor, daß kosmische Energie zu Ihnen fließt.
5. Die Entspannungsenergie (EE) erfüllt Ihren Kopfbereich und löst dort Verspannung und Verdichtung auf. Es ist leicht im Kopfbereich.
6. Sie entspannen nach und nach Ihren ganzen Körper. Die EE fließt wohlig und entspannend zum
   - Nacken und Hals
   - zu den Schultern, links und rechts
   - zu den Armen und Händen
   - zu der Brust und dem Atembereich
   - zu dem Bauchbereich
   - zu den Oberschenkeln, links und rechts
   - zu beiden Beinen
   - und zu den Füßen, links und rechts

   Dabei atmen Sie immer wieder tief ein und aus, und beim Ausatmen dürfen Sie richtig seufzen – das tut gut!
7. Stellen Sie sich nun einen Ort vor, der Ihnen besonders gut gefällt. Ein anderes Land, welches Sie vielleicht aus dem Urlaub kennen, oder einen Platz, an dem Sie sich so richtig wohl fühlen.
8. Genießen Sie dort alles, was Sie wahrnehmen:
   - die Landschaft
   - die Temperatur
   - das Klima
   - die Farben
   - die Gerüche
   - die Töne, vielleicht andere Menschen
9. Nehmen Sie mit all Ihren Sinnen diese Umgebung wahr.

10. Jetzt richten Sie bitte Ihre Aufmerksamkeit auf den Lebensbereich »ideale Partnerschaft«.
11. Erlauben Sie Ihrem Unterbewußtsein, alle Wünsche und »optimalen« Bedingungen auftauchen zu lassen, die Sie in Ihrem inneren Land der unendlichen Möglichkeiten zum Thema »ideale Partnerschaft« haben. Lassen Sie sich Zeit – träumen Sie auch Ihre »unmöglichen« Träume!
12. Notieren Sie dann alles, was Ihnen dazu eingefallen ist, auf Ihrem Blatt.
13. Erlauben Sie sich, nun diese Reise fortzusetzen, und nehmen Sie wieder eine entspannte Haltung ein.
14. Reisen Sie innerlich in den Lebensbereich »optimale Gesundheit«. Auch hier lassen Sie bitte alle Punkte und Themen aus Ihrem Unterbewußtsein auftauchen, die kommen möchten. Versetzen Sie sich in den optimalen Zustand einer »optimalen Gesundheit«.
15. Notieren Sie nach einiger Zeit Ihre Wünsche und Träume auf Ihrem Blatt.
16. Sie dürfen nun weiterreisen im Land der unendlichen Möglichkeiten.
17. Gleiten Sie nun im entspannten Zustand in den Lebensbereich »optimale Berufung«.
18. Träumen Sie auch da alles, was Sie brauchen, um im beruflichen Bereich vollkommen erfüllt zu sein. Lassen Sie sich Zeit dazu.
19. Notieren Sie Ihre Wünsche und alles, was Ihr Unterbewußtsein Ihnen dazu gezeigt hat.
20. Reisen Sie noch einmal in einen Lebensbereich im entspannten Zustand: Tauchen Sie innerlich in den Bereich »optimale Freizeitgestaltung«, und erlauben Sie Ihrem Unterbewußtsein, alles an Bildern und Wünschen kommen zu lassen, was zu Ihnen gehört.
21. Nach einer gewissen Zeit notieren Sie wieder Ihre Eindrücke und Wünsche auf Ihrem Blatt.
22. Danken Sie Ihrem Unterbewußtsein, daß es sich während

dieser Reise geöffnet und Ihnen wichtige Informationen geschenkt hat.

23. Atmen Sie nun verstärkt ein und aus, bewegen Sie langsam Ihre Hände und Füße, öffnen Sie Ihre Augen, und kommen Sie dann ausgeruht und erfrischt wieder in das »Jetzt« zurück.

Wenn Sie möchten, dann gehen Sie im wachen Zustand Ihre Notizen nochmals durch und unterstreichen in jedem Lebensbereich Ihre Prioritäten. Dabei bleiben Sie nur bei Ihren Bedürfnissen und denken dabei nur an sich! Es entsteht daraus ein Bedürfnisprofil, welches zu Ihnen gehört und Sie Ihrem inneren Anliegen nahebringt.

Lesen Sie Ihre Notizen immer wieder durch, und verändern Sie sie gegebenenfalls. Tauchen Sie immer wieder ein in diesen Prozeß, und lassen Sie Ihre Gefühle dabeisein. Achten Sie darauf, daß Sie im positiven, optimalen Zustand und in diesen Bildern bleiben und die »Zweifel« in Ihnen nur kurz begrüßen und dann wegschicken. Die von Ihnen entworfenen Bilder und Ihr Bedürfnisprofil werden für Sie immer realistischer werden und Ihnen Energie geben.

Eine schöne, spielerische Komponente zur Verstärkung Ihres inneren Bedürfnisprofils ist folgendes: Schneiden Sie aus Katalogen, Zeitschriften und ähnlichem Fotos und Slogans aus, und bebildern Sie damit ein großes Blatt Papier (z. B. ein Stück alte Tapete). Gestalten Sie Ihr eigenes buntes Bild, indem Sie Ihre inneren Wünsche und Anliegen auf diesem Papier so arrangieren, daß daraus ein »Ganzes« entsteht. Wichtig ist, daß Sie selbst (z. B. durch ein Foto) auch darauf abgebildet sind. Sie können das Bild betiteln mit: »Meine Lebensvision«.

Wenn Sie den II.-Reiki-Grad bereits anwenden können, schicken Sie Energie auf dieses Bild. Hängen Sie Ihr Kunstwerk dann an einem Ihnen wichtigen Platz auf, so daß Sie es immer sehen können.

Immer mehr Menschen lernen ihre wahren Bedürfnisse kennen und spüren. Je mehr Menschen mit sich auf Entdeckungsreise gehen, desto mehr positive Energien werden freigesetzt. Je mehr Menschen sich trauen, vom Träumen in das Tun überzugehen, desto mehr Zufriedenheit und Gesundheit werden wir alle erleben. Und ein Phänomen habe ich auch noch entdeckt: Positive Energien sind ansteckend! Lieber Leser, es lohnt sich, dabeizusein und mitzumachen, seinem inneren und äußeren Glück ein Chance zu geben ... Finden Sie nicht auch?

Gezielte Reiki-Anwendungen im täglichen Leben

Angst:
Empfehlenswert ist zur Stärkung des Selbstbewußtseins, sich jeden Tag eine Ganzkörperanwendung zu geben, mit etwas längerer Verweildauer am Kopf. Außerdem jeden Tag die Zentrierübung »Energie-Baum« (siehe S. 131ff.).

Bauchschmerzen:
Beide Hände auf den Bauch legen oder die vierte Vorderposition anwenden.

Blasenprobleme:
Ganzkörperanwendung und zusätzlich Hände auf der betroffenen Stelle einwirken lassen.

Depressive Verstimmung:
Anwendung vor allen Dingen der Kopfpositionen und die erste und dritte Vorderposition.

Zusätzlich eine Ganzanwendung täglich und möglicherweise therapeutische Hilfe.

Einschlafprobleme:
Ganzanwendung täglich, vor dem Einschlafen die erste, zweite, vierte und fünfte Kopfposition, eventuell in der Seitenlage.

Bei Kindern lassen sich die Kopfpositionen gut zusammen mit der Sonnengeflechtposition anwenden (Ganzanwendung bei Kindern kürzer).

Erkältung:
Eine Ganzanwendung am Tag.

Verstärkt erste, zweite, dritte und vierte Kopfposition anwenden.

Erschrecken (bei Kindern):
Beruhigend auf das Kind einwirken und eine Hand auf die Stirn legen, die andere auf das Sonnengeflecht. Einige Zeit darauf verweilen.

Kommunikationsprobleme:
Beim Sprechen eine »Hand aufs Herz«, die andere auf das Kehlkopfzentrum.

Das funktioniert auch vor unangenehmen Telefongesprächen und bei Sprachhemmungen. Zusätzlich empfiehlt es sich, auch das Sonnengeflecht mit einzubeziehen, vor allen Dingen dann, wenn Sie aufgeregt sind (Prüfungen, Vorträge etc.).

Kopfschmerzen/Migräne:
15–20 Minuten lang nacheinander Kopfpositionen eins, zwei, vier und fünf, dabei gut ein- und ausatmen.

Viel trinken und für frische Luft sorgen.

Narben:
Anwendung direkt auf die Narbe, so oft es Ihnen möglich ist.

Nasenbluten:
Kopf etwas hochlagern, eine Hand auf den Nacken oder Hinterkopf legen, die andere auf den Nasenrücken.

Ohrenschmerzen/-sausen:
Die dritte Kopfposition (Ohren) so lange wie angenehm, mehrmals am Tag.

Rückenschmerzen:
Ganzanwendung täglich, zusätzlich die betroffene Stelle mit beiden Händen.

Schwellungen:
Hände sofort auflegen.

Trauer:
Unterstützen Sie den Trauerprozeß mit einer täglichen Ganzanwendung. Diese verstärkt die eigene Wahrnehmung und löst innere Blockaden, die dem »Zulassen« des Schmerzes oftmals im Wege stehen. Zusätzlich geben Sie sich Reiki auf Hals-, Herz- und Sonnengeflechtpositionen. Lassen Sie, wenn Gefühle kommen, diese intensiv da sein, auch wenn sie schmerzhaft sind.

Verbrennungen:
Hände mit Abstand über die Verbrennung auflegen, sofort handeln.

Wut:
Sehr hilfreich während des emotionalen Zustandes sind Herzposition und Sonnengeflecht in Verbindung.

Gleichzeitig tiefes Ein- und Ausatmen (Bauchatmung), während Sie dabei Ihre Schultern weit auseinandernehmen.

Fragen und Antworten zu Reiki

Muß man an Reiki glauben, wenn man es bekommt?
Nein. Reiki ist unabhängig davon, was wir glauben und ob wir etwas glauben. Die universelle Lebensenergie (*Ki*) richtet sich nach den Bedürfnissen des Empfängers, nicht danach, ob er daran glaubt. Sehr gute Erfolge kann man bei Kindern beobachten, und gerade die sind oftmals sehr unbedarft und wissen nichts über die »Reiki-Energie«.

In welchem Alter kann man Reiki erlernen?
Es gibt kaum eine Altersbegrenzung. Ich habe unser erstes Kind bereits mit zehn Monaten in den I. Grad eingeweiht, weil es mir ein Bedürfnis war. Ich mache sehr gute Erfahrungen mit Kindern im Seminar, wenn Sie mindestens acht Jahre alt sind. Nach oben sind keine Grenzen gesetzt, auch im hohen Alter kann Reiki noch eine große Bereicherung sein.

Muß ich irgendwann die Reiki-Einweihungen wiederholen?
Reiki-Einweihungen sind für ein ganzes Leben bestimmt. Dieses alte, tibetische Ritual ist vergleichbar mit einer kirchlichen Weihe – wie der Taufe. Auch wenn man später aus der Kirche austritt, bleibt man immer »getauft«. Rituelle Einweihungen müssen auch bei Reiki nicht wiederholt werden, es sei denn, man möchte noch einmal diese Feierlichkeit des Rituals genießen und auch eventuell bei einem/einer anderen Reiki-Lehrer/in diese Erfahrung machen.

Kann ich durch die Anwendung des II.-Reiki-Grades (Fernenergie) den anderen manipulieren?
Nein. Die Reiki-Energie richtet sich bei allen Anwendungs-

formen nach den ureigenen Bedürfnissen des Empfängers. Der Reiki-Gebende ist »nur« Kanal und Übermittler der Energie. Es gibt bei allem menschlichen Wollen noch eine übergeordnete Instanz, die genau »weiß«, was dem anderen wirklich gut tut. Außerdem fließt nur soviel Energie zum anderen, wie er in diesem Moment braucht. Auch dabei gilt: »Dein Wille geschehe!« – also ist keine menschliche Manipulation möglich. Viele Menschen beten für andere, auch da kann niemand manipulieren.

Kann ich auch Pflanzen Reiki geben?
Ja. Genauso wie man bei manchen Menschen von einem »grünen Daumen« spricht, kann man mit Reiki sein Talent, mit Pflanzen umgehen zu können, entwickeln und verstärken. Pflanzen reagieren wie jedes Lebewesen auf Schwingungen – somit sprechen Sie auf Reiki-Energien sehr positiv an. Sie halten mit ein paar Zentimeter Abstand Ihre beiden Hände um die jeweilige Pflanze. Sie spüren dann selbst, »wieviel« Reiki sie braucht.

Wie kann ich sicherstellen, einen/eine traditionell nach Dr. Usui ausgebildeten/ausgebildete Lehrer/in zu bekommen?
Fragen Sie den/die in Frage kommenden/kommende Lehrerin nach seiner/ihrer Reiki-Energielinie. Diese sollte zurückzuverfolgen sein bis hin zu Frau Takata. Ist das nicht der Fall, würde ich an der traditionellen Ausbildung zweifeln. Zudem entscheiden Sie aus Ihrem tiefsten Inneren, denn das Vertrauensverhältnis zum Reiki-Lehrer/zur Reiki-Lehrerin ist sehr entscheidend. Warten Sie lieber so lange, bis sich Ihre letzten inneren Zweifel bezüglich des Lehrers/der Lehrerin gelöst haben.

Muß ich dem anderen sagen, daß ich »Reiki« bei ihm ausübe?
Nicht unbedingt. Ich rede oftmals von einer tiefgreifenden

Entspannungsmethode oder einer Selbsthilfetechnik zum Loslassen. Ich finde, man sollte immer seine Ausdrucksweise demjenigen anpassen, der mit einem ist. Im Grunde bräuchte es überhaupt keine Benennung, da die Energie auch »namenlos« wirkt.

Kann diese universelle Lebensenergie auch negativ wirken?
Wie bei allen ganzheitlichen Methoden der Persönlichkeitsentfaltung kann der Teilnehmer an innere Grenzen und Blockaden stoßen. Diese sogenannten »Erstverschlimmerungen« oder Heilungskrisen können im Zusammenhang von emotionalen, nicht gelösten Konflikten oder Erlebnissen auftreten. Das fühlt sich zunächst nicht so angenehm an, ist aber eine vorübergehende Phase, wenn der Betroffene bereit ist, seine Themen anzugehen und sie zu lösen. Es empfiehlt sich dann, Reiki verstärkt anzuwenden und den »Reinigungsprozeß« anzunehmen. Insofern wirkt die Energie letztlich immer positiv.

Muß ich mich als Reiki-Kanal vor der Anwendung in einen besonderen Zustand bringen?
Nein. Während der Reiki-Anwendung ist sowohl der Reiki-Gebende als auch der Reiki-Empfänger eingehüllt in die allerhöchste Energie, die es im Universum gibt. Diese Tatsache gibt beiden Schutz, und die Energie transformiert eventuelle dichtere Schwingungen. Außerdem ist der Reiki-Kanal nach einigen Minuten Reiki-Gabe selbst im entspannten Zustand, meistens in einem sehr meditativen Zustand, so daß er vorher keine Extra-Techniken braucht.

Darf ich jemandem Reiki senden, der nichts davon weiß?
Ja. Reiki-Energie wirkt immer positiv und lebensunterstützend. Sie ist immer »für« den anderen. Außerdem beten und meditieren ja auch viele Menschen dieser Erde für andere Menschen, und auch da denke ich, ist diese Frage überflüs-

sig. Wenn sich in unserem Inneren ein anderer Mensch »meldet«, der gerne Reiki empfangen möchte, gehe ich davon aus, daß man diesem Impuls vertrauen kann.

Wohin fließt Reiki-Energie bei den Anwendungen?
Die Reiki-Energie wirkt immer ganzheitlich. Sie fließt zur Ursache des Ungleichgewichts, sowohl in den körperlichen wie auch in den seelischen oder geistigen Bereich. Es gibt über die kosmische Energie eine »höhere Heilintelligenz«, der wir vertrauen können und die alles Notwendige für den Prozeß der Harmonisierung »veranlaßt«. Sowohl für den Reiki-Geber als auch für den Reiki-Empfänger ist dieses »Sich-Überlassen« an eine höhere Instanz ein starkes Loslaß-Training. Natürlich gehe ich davon aus, daß jeder, der mit Menschen arbeitet, dies voll verantwortlich tut.

Wie oft sollte man einem anderen Reiki-Anwendungen geben?
Lieber eine Kurzanwendung von einigen Minuten als gar keine Anwendung. Wenn Sie ausreichend Zeit und innere Bereitschaft haben, ist es empfehlenswert, die Ganzkörperanwendung in relativ kurzen zeitlichen Abständen (von etwa einer Woche) zu geben. So ist der »ganzheitliche Prozeß« besser spürbar und läßt sich intensiver beobachten.

Ist Reiki eine Unterstützung für meine Meditationspraxis?
Da Reiki alles unterstützt, was ein Mensch bereits aktiv begonnen hat, kann die Energie die Ihnen vertrauten Meditationserfahrungen verstärken. Da es bei allen Meditationspraktiken unter anderem um feinstoffliche Energien geht, wird die Reiki-Energie sich Ihrem Prozeß wunderbar anpassen.

Reiki-Erfahrungsberichte

Ich war gerade 50 Jahre, als ich nach einer harmlosen Operation erfuhr, daß ich Schilddrüsen-Krebs habe. Da ich zusammen mit meinem Mann einen Gastronomie-Betrieb führe, hatte ich nicht viele Möglichkeiten, meinen Kummer, meinen Frust, ja auch meinen Zorn, so richtig auszuleben. Ich versuchte viele Therapien, aber nichts konnte mir richtig helfen, bis ich schließlich zu Reiki kam. Dies bestärkt auch meine Meinung, daß jeder Mensch irgendwann seinen ureigenen Weg findet.

Nach Reiki I ging es mir physisch und psychisch nun so viel besser, daß ich mir sagte: »Nichts und niemand kann mich jemals noch besiegen!« Viele Freunde, Bekannte und Familienmitglieder kamen zu mir, um sich Reiki geben zu lassen. Es gelang mir von Mal zu Mal besser. Ich staunte und freute mich immer mehr, wieviel Positives zu mir zurückkam. Meine fünfzehnjährige Tochter hatte Probleme mit einem Schulwechsel. Sie bekam fast täglich Reiki und ist jetzt wieder zufrieden und erfolgreich.

Ich wurde speziell im Umgang mit Gästen und Mitarbeitern offener, freundlicher, geduldiger, aber auch sicherer. Meine Arbeit, mein Leben, meine Ehe sind jetzt schön und gut.

Im folgenden Jahr machte ich dann Reiki II mit Ulrike Klemm und erkannte dabei, aber noch mehr in der folgenden Zeit, daß ich mit diesem II. Grad mir selbst und anderen noch mehr helfen kann. Mittlerweile vergeht kaum ein Tag, an dem ich nicht Reiki schicke. Es gibt so viele Beispiele, daß ich nur einige erwähnen kann: Meine Reisen, Fahrten verlaufen total problemlos, egal wohin. Die Blumen sind schöner als je zuvor, Schlafstörungen habe ich nach Reiki auch nicht mehr; eine sehr schwierige Betriebs-Prüfung endete wunderbar, nachdem ich dem (als sehr streng bekannten) Prüfer täglich Reiki schickte. Mein Mann und mein Sohn verstehen sich nach Jahren wieder blendend (ich habe beide gemeinsam beschickt!). Hier könnte ich noch endlos weitererzählen, doch zum Schluß die beste Nachricht: Mein Krebs ist geheilt!!!

Ganz sicher werde ich auch noch Reiki III mit Frau Klemm machen.

Christine R., Wirtin

Meine Erfahrungen mit Reiki waren für mich persönlich sehr, sehr positiv. Nach dem I. Reiki-Grad merkte ich zuerst nicht viel Veränderung an mir und meiner Arbeit als Masseurin. Ich hatte nicht das Gefühl, daß ich mehr Energie übertrage als vorher. Das einzige, was sich verändert hatte, waren meine Hände. Jedoch waren sie nicht wärmer, wie es normalerweise bei mehr Energie ist, sondern ich hatte drei Wochen lang kalte Hände. Das war für mich und meine Klienten nicht sehr angenehm. Wir überstanden es jedoch ganz gut, und keiner meiner Klienten ist mir davongelaufen. So wie es wohl in jeder Massagepraxis vorkommt, hatte auch ich vereinzelt Klienten, die zwar zur Massage kamen, aber nicht wirklich daran interessiert waren, gesund zu werden. Gerade diese Klienten blieben allmählich aus. Sie spürten bereits vor mir, daß eine stärkere Heilungsenergie von mir ausging. Zudem machte ich mir selbst jeden Tag eine Reiki-Anwendung. Ich merkte, wie meine körperliche Verfassung immer besser wurde. In meiner Praxis veränderte sich meine Klientel. Es kamen nur mehr Leute, die ernsthaft an ihrer Heilung interessiert waren.

Bei meinem II. Reiki-Grad spürte ich die Energie intensiver. Das heißt, sie war sofort spürbar für mich. Dadurch hatte ich auch den Mut, Reiki nun bewußter einzusetzen. Ich hatte auch sofort einen tollen Erfolg damit. Eine Klientin hatte schon seit Monaten einen geschwollenen, schmerzenden Fuß. Trotz Operation wurde es nicht besser. Ich legte ihr für neun Minuten meine Hände auf, schickte ihr an diesem Tag und am nächsten Tag ein kurzes Fern-Reiki. Einige Tage später, als ich sie wieder sah, war ihr Fuß in Ordnung! Monate später traf ich sie wieder, und ihr Fuß war immer noch in Ordnung.

Ich könnte noch viele solcher Beispiele aufzählen, es würde jedoch nicht aufzeigen, was mich am II. Reiki-Grad am meisten fasziniert. Es war die Erkenntnis, wie man mit Reiki Angst und Nervosität positiv beeinflussen kann. Ich machte diese Erfahrung bereits einige Jahre, bevor ich selbst Reiki lernte. Damals wußte ich jedoch nicht, daß ich dies dem Reiki zu verdanken hatte. Erst jetzt, wo ich selbst den II. Reiki-Grad habe und Leuten Reiki für schwierige Situationen und Prüfungen schicke, begreife ich, wie wunderbar mir meine Freundin damals half. Sie schickte mir für meine Gewerbeprüfung den ganzen Tag Reiki. Ich hatte ein solches Hochgefühl während der Prüfung. Nicht, daß ich überhaupt nicht nervös gewesen wäre. Es war eine Sicherheit in mir, die die Nervosität weit in den Hintergrund stellte. Ich kannte mich selbst nicht mehr. Immer wieder dachte ich mir: »Bin das wirklich ich?« Normalerweise bin ich bei Prüfungen sehr nervös und fühle mich den Prüfungen ausgeliefert.

Aber diesmal war es ganz anders. Ich hatte das Gefühl, ich sei unter Kollegen, denen ich etwas zeige, was sie noch nicht kennen. Es war einfach wunderbar. Dies alles verdanke ich dem Reiki, obwohl ich es nicht einmal wußte – damals. So wunderbar kann Reiki helfen, nicht nur bei Krankheit und Schmerz.

Die Erfahrungen mit dem III. Reiki-Grad sind schwieriger zu erklären. Es passierten nicht mehr so viele äußere Prozesse, sondern im Gegenteil, es spielte sich alles in mir »drinnen« ab. Mir fielen auf einmal meine negativen Gedanken auf, und ich konnte sie problemlos in positive umwandeln.

Ich hatte auch einige ungelöste Konflikte. Es waren keine sehr großen, aber trotzdem schob ich sie ganz tief in mein Unterbewußtsein. Auf einmal war alles wieder so bewußt vor mir. Es ließ sich nicht mehr aus meinen Gedanken verbannen. Es war auch gar nicht nötig, denn auch die Lösung war klar vor meinen Augen. Vor allem der Mut zur Lösung, der mir bis dahin gefehlt hatte. So konnte ich einiges aufarbeiten. Zudem lebe ich noch mehr aus meinem Herzen heraus. Ich wurde selbstbewußter und weicher in meiner Art. Zudem bin ich verständnisvoller und geduldiger zu mir, in meiner Arbeit und mit meinen Mitmenschen.

Hannelore G., Masseurin

Ich brauche die Musik und ich brauche das Theater zusammen mit der Spiritualität oder besser gesagt, dem spirituellen Heilen. Das mache ich auch hier im Krankenhaus, ohne darüber zu reden und ohne daß die Leute es wissen. Aber ich stelle mir vor, wenn die Menschen auch mit Herz und Wissen mittun, um wieviel mehr wir gemeinsam erreichen könnten.

Und jetzt bin ich auch schon mitten im Thema, welches ich Dir, liebe Ulrike, versprochen habe. Wenn ein Patient kommt, ängstlich, aufgeregt, mit schnellem Puls und hohem Druck, so lege ich meine Hand oder Hände auf seinen Bauch, genauer in die Gegend des Solarplexus und lasse ihn dorthin atmen, wo meine Hände liegen. Fast augenblicklich wird er ruhiger, entspannt sich, der Pulsschlag wird langsamer, und der Druck sinkt. Natürlich bekommt er dann die adäquate Behandlung, denn um seine pathologisch veränderten Gefäße und Organe zu heilen, ist noch nicht die Zeit, vielleicht habe ich auch gar nicht das Recht dazu, denn jeder Mensch hat das Recht, durch seine Krankheit zu lernen, und diese Möglichkeit darf ich ihm nicht nehmen. Dieselbe Erfahrung habe ich auch bei Sterbebegleitung gemacht. Ein Mensch im Todeskampf, der Angstschweiß steht ihm auf der Stirn. Wenn ich komme und meine Hände auflege, dann beruhigt er sich, ich kann ihm die Angst wesentlich nehmen, und ich habe beobachtet, wie sich die Gesichtszüge entspannen und er ruhig einschläft, und ihm das Loslassen durch Reiki einfach erleichtert wird. Außerdem werden die Schmerzen um vieles weniger, was ich beobachten kann, weil ich viel weniger Schmerzmittel brauche.

Eine Geschichte muß ich Dir noch erzählen. Mario war im vergangenen August in Amerika. Er rief mich völlig verzweifelt an und erzählte mir, daß er so starke Bauchschmerzen habe, daß er nicht einmal stehen kann. Der Arzt war schon da und hat eine akute Blinddarmentzündung diagnostiziert. Mario wollte aber auf keinen Fall in Amerika operiert werden, außerdem hatte er drei Stunden später Generalprobe und am nächsten Tag sein letztes Konzert. Hier konnte er nicht fehlen, er mußte unbedingt dirigieren. Ich sagte ihm, er sollte sich hinlegen, seine Hand auf die schmerzende Stelle legen, und ich schickte im Reiki. Am nächsten Tag sollte er sich noch einmal untersuchen lassen. Er tat, was ich ihm geraten hatte. Er konnte die Probe fast schmerzfrei abhalten, und die Werte waren am nächsten Tag völlig normal, zum großen Erstaunen des Arztes. Er konnte am Abend beim Konzert einen großen Triumph feiern. Als er es mir telefonisch berichtete, sind uns beiden die Tränen runtergelaufen.

Dr. Ingrid A., Ärztin

Reiki hat mein Leben geändert, meine Arbeit und meine Einstellung. Am Anfang hat es mir geholfen, mich zu entfalten, Horizonte zu verbreitern, und dann habe ich gelernt, das auf meine Kunden zu übertragen. Als Kosmetikerin und Masseurin (auch Fußreflexzonenmassage und Fußpflege) verwende ich Reiki immer und überall. Es schützt mich vor Krankheiten und negativen Einflüssen, und es gibt mir unwahrscheinlich viel Kraft, so daß meine letzte Massage am Tag genauso gut ist wie die erste. Nicht nur mir geht es gut, sondern auch meinen Kunden. Sie empfinden Reiki als sehr angenehm, entspannend und werden sogar »süchtig«. Sie kommen immer wieder. Wie eine liebe Kundin gesagt hat: »Bei dir ist es wie an einer Tankstelle. Man tankt voll, und wenn man leer ist, kommt man wieder.«

Mein Arbeit mit Spitzensportlern bestätigt mir das auch immer wieder. Heilungen nach Verletzungen sind halb so lang und ohne Komplikationen. Sie sind voller Kraft und werden sogar noch schneller, spritziger, das Konzentrationsvermögen wird größer, und die positive Ausstrahlung wirkt stark auch auf andere. Fern-Reiki ist wie eine Krone auf die gesamte Arbeit. Für mich gibt es keine unheilbare Krankheit, solange Reiki durch meine Hände fließt, alles ist erreichbar.

Danke, liebe Ulrike, für Deine Geduld mit mir. Wo es leer und sauber ist, kommt immer Liebe rein. Deine Liebe war der beste Staubsauger für mich.

Branka K., Kosmetikerin und Masseurin

Vor zirka fünf Jahren wurde ich zu Reiki und damit zu meiner lieben Lehrerin Ulrike Klemm geführt. Ich arbeitete damals in Wien in einer Arztpraxis mit den verschiedensten alternativen Heilmethoden und kann sagen, daß ich viele Menschen begleiten konnte, ihr Leben gesünder und harmonischer zu gestalten. Ich hatte aber immer das Gefühl, daß es noch etwas geben müßte, das noch umfassender, noch tiefer wirkt. Eine Kraft dahinter, oder jenseits, ich konnte es damals nicht in Worte fassen.

Eine Freundin erzählte damals, sie hätte ein I.-Grad-Reiki-Wochenende in Deutschland bei Ulrike Klemm besucht, und ich wußte sofort intuitiv »Ja, das ist es«, das Wort Reiki traf mich direkt ins Herz. So fuhr ich bald nach Siegsdorf, ohne mich zu erkundigen, ob es Reiki-Kurse auch in Wien gäbe.

Während des I.-Grad-Reiki-Wochenendes passierten tiefgreifende Veränderungen in mir. Während der Einweihung spürte ich: »Ich komme nach Hause zurück. Es ist alles in mir, ich bin in allem.« Das kam mir irgendwie bekannt vor, und war doch wieder neu. So wie eine Erinnerung, wer ich wirklich bin, ich hatte es immer gewußt und mußte es doch wieder neu finden. Warum ich während meiner Jahre in Indien trotz vieler Meditationserfahrungen ein Suchender geblieben war, warum während meiner Arbeit mit schamanistischen Praktiken, mit Bio-Energetik immer noch ein Teil unberührt geblieben war, das wußte ich jetzt, weil mir immer die Verbindung mit der Quelle, mit diesem göttlichen Funken in mir und in allem gefehlt hatte. Durch Reiki verband sich mein Herz, diese innerste Essenz in mir, mit der einzigen Quelle, der universellen Energie. Ich spürte so viel Liebe in mir, überschäumende Gefühle, die sich aus meiner Mitte heraus in mein ganzes Sein ergossen, mich mit meiner Umgebung, mit meinen Mitmenschen verbanden. Da das Herz mit den Händen verbunden ist, konnte ich mich jederzeit, wenn ich mir oder anderen Menschen die Hände auflegte, mit dieser Kraft verbinden. Es war so wunderschön, so einfach, so klar.

Konkret sah das dann so aus, daß ich meine Arbeit noch liebevoller gestaltete. Die Menschen, mit denen ich arbeitete, schienen berührt zu werden von diesem Funken der Liebe, ohne daß ich etwas sagen oder tun mußte. Wir konnten diese Kraft erfahren, die größer und weiser ist als wir selbst, die dahinfließt, wo sie gerade nötig ist. Reiki beleuchtete meinen Alltag, dadurch konnte ich meine Schattenseiten deutlicher erkennen und annehmen. Ich erkannte klarer, wo etwas in meiner Partnerschaft, in meiner Beziehung zu meinen Kindern, zu Freunden nicht stimmte. Da Selbst-Erkennen und Selbst-Annehmen der Anfang der Veränderung ist, hatte ich mit Reiki sozusagen einen Schlüssel in den Händen, mein Leben so zu gestalten, wie ich es möchte.

Und diese Entwicklung ging nun auch deutlich voran. Nach der Einstimmung in den II. Reiki-Grad spürte ich den Ruf, Reiki auch anderen Menschen zugänglich zu machen, selbst Kanal zu werden für die Reiki-Einstimmungen. So entschloß ich mich, den Weg weiter zur Reiki-Meisterin und -lehrerin zu gehen. Ulrike begleitete mich mit Liebe und Klarheit bei diesem Prozeß, der für mich eine große Herausforderung darstellte und mich stets forderte, mich mit meinen Schatten auseinanderzusetzen, alte und einengende Egostrukturen hinter mir zu lassen, alte Denkmuster zu erneuern, stets bereit zu sein für den Fluß des Lebens. Ein aufregender, schöner und beglückender Prozeß, damit ich mich immer leichter mit diesem göttlichen Funken in mir verbinden kann. Diesem Funken, der uns begreifen läßt, daß wir alle eins sind im Geist und in der Liebe.

Ich wünsche mir, daß noch viele Menschen auf der Welt die Reiki-Einweihung erhalten, so daß wir uns immer näher kommen und in Frieden und Harmonie auf unserer Erde leben.

Anette G., Reiki-Lehrerin

Grundsätzlich hat sich mein Leben durch Reiki oder ich mich dadurch verändert. Die Einweihung zum I. Grad hat mich aufgeweckt, und seit der Einweihung zum II. Grad bin ich sehr viel sensibler und offener für Stimmungen und Gefühle bei mir und auch anderen geworden.

Wir (Peter und ich) haben einer guten Bekannten drei gemeinsame Reiki-Entspannungsbehandlungen geschenkt. Was uns im Vorfeld nicht bekannt war, war, daß sie absolute Berührungsängste hatte bzw. hat. Dies stellte sich dann im Vorgespräch raus, und so wollte sie dann nur die Reiki-Behandlung von mir. Bei der ersten war ich dann auch sehr vorsichtig, was die Berührung angeht, und habe nur sehr leicht und auf Abstand meine Hände aufgelegt. Sie war nach der ersten »Behandlung« begeistert, konnte sich aber noch nicht so vollständig »fallenlassen«. Mit jeder der drei Behandlungen wurde es besser. Inzwischen ist sie so sehr davon angetan, daß sie nun selber aktiv nach einer »Behandlung« nachfragt.

Als ich selber noch keine Reiki-Einweihungen hatte, bat ich meinen Vater, mir auf meine letzten vier schriftlichen Prüfungen im Studium Reiki (während der Prüfung) zu schicken. Ich konnte dann auch viel besser assoziieren und war im Kopf viel freier. Alle Prüfungen habe ich mit guten Ergebnissen bestanden. Natürlich war ich auch vorbereitet (lerntechnisch), aber trotzdem war die Sache viel leichter. Auf meine mündliche Diplomprüfung habe ich Reiki geschickt. Ich habe mir genau ausgemalt, wie es ablaufen würde. Auch daß ich als Themengebiet Arbeitsrecht ziehen würde, und tatsächlich war dies dann der Fall. Auch hier habe ich die Prüfung mit dem mir gesteckten Ziel bestanden. Bei einem meiner Bewerbungsgespräche, die ich beschickt habe, habe ich einen Verlauf »für beide Seiten zum besten« deklariert. Ich habe die Stelle zwar nicht bekommen (was auch o.k. war), aber das Gespräch war sehr harmonisch und offen. Das haben dann auch die Gesprächspartner in dem nicht wie sonst üblichen 08/15-Absagebrief erwähnt und sich sogar dafür bedankt.

Als Peter und ich noch nicht zusammen wohnten, haben wir uns gegenseitig Reiki geschickt. Ich erinnere mich, daß ich dabei eine von meiner Seite aus sehr, sehr tiefe Verbundenheit gespürt habe.

Hier noch ein Erlebnis, das unter Umständen etwas zu abgehoben klingen mag, mich aber sehr gefreut hat. Bei einer meiner ersten »Behandlungen«, die ich einer mir sehr nahe stehenden Freundin gegeben habe, ging deren lang ersehnter Wunsch in Erfüllung, von ihrer verstorbenen Mutter zu »träumen«. Davon war mir im Vorfeld nichts bekannt. Sie war sehr gerührt nach dieser Behandlung.

Marion S., Betriebswirtin

Nachdem ich den I. und II. Grad absolviert hatte, boten sich gleich mehrere Gelegenheiten, Energiearbeit in der Praxis durchzuführen. Aufgrund meines Berufes (Metzger) wurde ich auch in letzter Zeit immer wieder zu Notschlachtungen gerufen. Ich behandelte die Tiere mit Reiki und konnte so oftmals eine Schlachtung verhindern. Eine Kuh, die sich eine Lähmung im Beckenbereich zugezogen hatte, konnte nach dreitägiger »Behandlung« zum ersten Mal wieder aufstehen und mußte nicht notgeschlachtet werden. Eine weitere, die an Milchfieber litt, war ebenfalls nach dreimaliger »Behandlung« wieder fit. Sie legte während der Behandlung ihren Kopf auf meine Schulter. Ich habe das Gefühl, daß die Tiere durch ihr Verhalten Dankbarkeit zeigen. Ich behandle auch Katzen, Hamster und ein Pony, dessen Muttertier bei der Reiki-Behandlung so dabeistand, als würde eine Mutter die Behandlung ihres Kindes durch einen Arzt beobachten.

Einigen Menschen habe ich auch schon bei ihren Problemen, wie Schlaflosigkeit, Verstopfung, verschiedenen Ängsten, und ähnlichem helfen können. Es ist schön, mitansehen zu können, wie sich die Leute wohl fühlen, und es ist ein tolles Gefühl, wenn aufgrund ihrer Zufriedenheit und ihres Vertrauens immer mehr hinzukommen, die von mir Reiki-Energie bekommen wollen.

Hermann E., Metzgermeister

An Reiki gefällt mir besonders, daß es ein sanfter, liebevoller Weg ist. Es hilft mir, mein Herz zu öffnen und Liebe zu geben und anzunehmen. Außerdem finde ich zu meiner inneren Mitte. Ich denke, daß ich jetzt das Suchen zurückstellen kann und endlich finden kann. Ich bin sehr dankbar, Dich als Lehrerin gefunden zu haben.

Hans L., Abteilungsleiter

Ich durfte mich noch einmal auf ein Baby freuen, und Roland kam am 1.1.1996 einen Monat zu früh auf die Welt. Es ist mit Gottes Hilfe alles gutgegangen. Roland bringt sehr viel Freude, Glück und Zufriedenheit ins Haus. Er hatte einen kleinen Nabelbruch, und es hieß, daß er operiert werden müßte. Ich legte ihm aber jeden Tag Mittelfinger und Ringfinger auf den Nabel, ließ Reiki einfließen, und nach drei Monaten staunte der Arzt über den zurückgegangenen Nabel. So ersparte ich Roland eine Operation. Ich war glücklich und noch überzeugter von der Reiki-Kraft. Es richtet sich auch sonst alles zum Guten.

Annelies W., Hausfrau und Mutter von drei Kindern

Seit meiner Reiki-Einstimmung (II. Grad) habe ich in allen Lebensbereichen und vor allem bei meinen beruflichen Prozessen einen um hundert Prozent verbesserten Überblick. Dies führt bei mir automatisch zu mehr Ruhe und Gelassenheit, und dadurch hat sich auch das Arbeitsergebnis deutlich verbessert (weniger Fehler und mehr erledigt in gleicher Zeit). Auch der Umgang mit Mitarbeitern, Kollegen und Auftraggebern ist harmonischer als früher.

Hans-Jürgen B., Marketingleiter

Ich habe gelernt, in mir zu ruhen. Daraus entstand Wärme, Geborgenheit, ein neues Gefühl für das Leben, die Liebe und vor allem Freude daran, andere daran teilhaben zu lassen. Reiki hat auch bewirkt, daß ich Menschen so akzeptieren kann, wie sie sind, was mir früher teilweise sehr schwer gefallen ist. Dadurch lebe ich gelassener, was sich nicht zuletzt auf meine Gesundheit, Lebensfreude, ja und auf mein ganz persönliches Glück niedergeschlagen hat. Ich freu' mich ganz besonders darauf, in Kürze durch Reiki II das Ganze zu intensivieren und dadurch verstärkt weitergeben zu dürfen.

Renate B., Sekretärin

Die beiden Reiki-Erfahrungen haben nicht nur meine Körperwahrnehmung stark verbessert, sondern mich auch in Beziehung zu Mitmenschen sehr positiv beeinflußt. Früher fiel es mir oft viel schwerer, offen zu sein und geben zu können. Ich kann nun leichter auf Menschen zugehen, sie so akzeptieren, wie sie sind, ohne Vorurteile, weder im negativen noch im positiven Sinne. Speziell durch die Körperberührungen in Reiki I hatte ich intensive Energieerfahrungen. Ich konnte lernen, Zuneigung zu geben, konnte ein totales Loslassen zulassen und mich frei fühlen. Meine Erfahrungen mit Reiki sind äußerst positiv, und ich kann Reiki und Euer Institut nur weiterempfehlen.

Gunthi K., Hotel-Generaldirektorin

Den ersten Kontakt zu Reiki bekam ich durch einen Artikel im STERN vor vielen Jahren. Offensichtlich war die Zeit für mich damals noch nicht reif und/oder der Leidensdruck noch nicht groß genug. Gesundheitliche Probleme (Gesichtsrose, Hörsturz) brachten zirka drei Jahre später den zweiten Kontakt über eine Freundin und deren Schönheitsfarm: Lymphdrainagen als Therapie gegen die Ohrgeräusche waren mit Reiki unterlegt, ohne daß ich das zunächst wußte. »Schlüsselerlebnis« war zu dieser Zeit die Buchempfehlung R. Dahlke: »Krankheit als Sprache der Seele«. Ich erinnerte mich plötzlich wieder an Reiki und meldete mich spontan an. Freitag nachmittag in Siegsdorf angekommen, setzte der große Katzenjammer ein, und ich wäre am liebsten sofort wieder abgereist. Zu meinen Tugenden zählt jedoch sicher Beharrlichkeit und Ausdauer, und ich beschloß durchzuhalten.

Reiki I war für mich Offenbarung und Kraftwerk zugleich. Was mir in der Vergangenheit fehlte, war visionäres Denken. In Zielsuchseminaren kam ich mir wie der geborene Depp vor. Alle fanden tolle Wege, und ich frustierte vor mich hin. Nach der Reiki-Einweihung sah ich meinen beruflichen Weg plötzlich ganz klar vor mir – ich sehe ihn auch heute noch so. Und ich hatte die Kraft, gegen die zu erwartenden Schwierigkeiten diesen Weg einzuschlagen. Der Erfolg bis heute gibt mir recht! Die Möglichkeit und Fähigkeit, Reiki »fernzuversenden«, schien mir von untergeordneter Bedeutung –

ist es doch so schön, Reiki direkt zu geben. Auch die von Ulrike geschilderte »Projektarbeit« war mir eher suspekt. Wichtig hörte sich für mich jedoch die Steigerung der intuitiven Fähigkeiten an. Also, Spontananmeldung zur Stufe II nach der erforderlichen »Reinigungszeit« der Chakren. »Unverhofft kommt oft« – ein dummer Spruch mit wahrem Hintergrund. Sicher haben sich meine intuitiven Fähigkeiten vergrößert. Der Gewinn aus Reiki II ist jedoch eindeutig Fern-Reiki!

Obwohl ich früher darüber (mitleidig, ungläubig) lächelte: Ich habe seither kaum noch eine wichtige Aktion ohne Reiki-Beschickung begonnen – und seien es auch nur größere Autotrips. Ein wichtiges Gespräch mit einem Mitarbeiter, dem ich sagen mußte, daß er die Aufgaben, für die er zur Probe bei uns war, nicht schaffen würde, verlief für alle gut. Der Vertreter der Personalabteilung war froh, daß ich die Führung übernahm, ich konnte das Gespräch so führen, daß mein Gegenüber sich nicht persönlich verletzt oder geringgeschätzt sah, und er hat mir am Ende bestätigt, daß er seine Möglichkeiten genauso einschätzt. Wir hatten danach den gleichen freundschaftlichen Kontakt. Das Vorstellungsgespräch bei meinem bisher wichtigsten Kunden verlief so, wie ich mir das nur erträumen konnte. Anstelle einer Festanstellung bot er mir Schulungsaufträge für seine Verkaufsmannschaft an. Damit war der Grundstock zur Selbständigkeit gelegt. Ein Kooperationsgespräch mit einem Unternehmen für die Programmierung von elektronischen Katalogen führte zur Zusammenarbeit. Daneben werde ich dort für meine Trainings-Seminare empfohlen.

Vor dem Senden stelle ich mir die Situation – wie sie sein könnte, was sich ergeben könnte, wie der Raum vermutlich aussieht – so gut und realistisch wie möglich vor (was bei mir nicht viel bedeutet, denn damit habe ich gewisse Schwierigkeiten). Meist stelle ich mir die Reiki-Kraft dabei über uns im Raum schwebend und auf alle wirkend vor, dann male ich die

Symbole und starte damit Reiki – zeitlich intuitiv so lang, wie ich glaube, daß es sein soll. Meist sind es so zehn Minuten.

Tochter Marion habe ich für eine Klausur zur Diplomprüfung Reiki gesendet. Dabei war ich ganz sicher, daß ihr Energiekreis mit dem der Dozentin zusammenfließt und einen gemeinsamen »Wissenspool« bildet. Sie hat es bei der Prüfung zwar nicht so empfunden, aber bestanden.

Gerhard S., Verkaufstrainer

Was ich nach dem Kurs bemerkt habe, ist, daß mir das Loslassen der Probleme, gerade am Abend vor dem Schlafengehen, leichter gefallen ist als vorher. Was mir allerdings auch aufgefallen ist: in meiner Umgebung gibt es sehr viele Menschen, privat und beruflich, die sich nicht ihren Problemen stellen, und wenn man dann versucht, auf sensibilisierte Art und Weise auf die Probleme dieser Leute einzugehen, steht man vor einer Mauer, und das Wegschieben der Probleme wird dann auch so artikuliert: »Laß mich in meinem Gehäuse sitzen, ich werd' schon alleine damit fertig.« Und genau da wird der Unterschied so deutlich zwischen Einzelkämpfern, die immer auf der Suche sind, und Menschen, die bemüht sind, das Beste aus ihrem Leben zu machen.

Der Umgang mit meinen Mitarbeitern war eigentlich schon vorher entspannt, ich glaube allerdings, daß das Gefühl füreinander sich etwas verändert hat. Das Vertrauen, das mir entgegengebracht wird, hat sich noch ein wenig intensiviert, wenn meine Mitarbeiter die innere Ruhe, die ich meist ausstrahle, zu schätzen gelernt haben. Damit zusammenhängend kommt es auch kaum mehr vor, daß Chefin und Mitarbeiter gestreßt sind, sondern daß auch unter Druck noch Zeit und Platz für ein freundliches Wort oder Späßchen sind. Wenn es Unruhe oder Streß in der Redaktion gibt, dann kommt das meist von Mitarbeitern außerhalb der Redaktion oder solchen, die ihre Probleme, die ohne weiteres mit der Redaktion zusammenhängen können, selbst bewältigen möchten, und dieser Verhaltensweise der Ablauf und die persönlichen Beziehungen untereinander öfters zum Opfer fallen. Wenn es nun einen ruhenden Pol gibt, der diese Spannungen auffangen kann, leidet die Atmosphäre weniger unter der Einzelkämpfermanie. Wenn dieser Pol allerdings nicht da ist, eskaliert die Situation schon mal, weil die innere Ruhe der anderen noch nicht so in ihnen verhaftet ist, als daß die Negativ-Schwingungen kompensiert werden könnten. Ich hoffe allerdings, daß mein gelassenes Beispiel dazu beiträgt, meine Mitarbeiter nach ihrer persönlichen Ruhe suchen zu lassen. Leider kann ich nicht mehr zu diesem Thema sagen, da es wirklich so ist, wie Du bei der Schlußanalyse unseres Seminars gesagt hast, nämlich daß ich ein Leben lebe, das grundsätzlich gesund ist und für mich richtig. Ich bin so gut wie nie krank, habe beruflich in sehr schneller Zeit das erreicht, was ich immer erreichen wollte, habe keine finanziellen Schwierigkeiten und stehe grundsätzlich allem, was mir passiert, positiv gegenüber. Manchmal denk' ich mir, daß mein Leben ein einziges Klischee ist, weil ich eigentlich kaum Menschen kenne, die mit ihrem Leben so zufrieden sind und sein können wie ich. Trotzdem glaube ich, daß es wichtig ist, sich zufriedengeben zu können, denn die meisten Menschen auch in meinem Umfeld suchen andauernd nach Dingen, die es zu erreichen gilt, nach Lösungen für Erwartungen, die sie erfüllen müssen und die sich an Menschen und Situationen messen, ohne daran zu denken, daß sie damit ihre innere Ruhe und Zufriedenheit aufs Spiel setzen. Durch das Seminar bin ich auch draufgekommen, daß ich diesen Zustand schon relativ früh in meinem Leben erreicht habe, und ich bin froh, daß ich nicht erst mit fünfzig draufkommen muß, was ich in meinem Leben hätte besser machen können. Das heißt allerdings nicht, daß ich mich nicht weiterhin zweimal am Tag, und das ist ernst gemeint, in Frage stelle und in mich hineinschauen werde. Doch bis zum Wochenende in Siegsdorf war das eigentlich immer mehr ein intuitives Verhalten, und ich hab' mich oft gefragt, wofür das alles gut sein soll. Jetzt weiß ich es!!!

Claudia D., Rundfunk-Journalistin

Mein zweiter offener Reiki-Abend-Besuch hat bei mir den starken Wunsch ausgelöst, Reiki zu lernen. Es war mir ein immer stärker werdendes Bedürfnis, diese heilsamen, lichtvollen Energiestrahlen an andere Menschen, Tiere und Pflanzen weiterzugeben. Von Grad zu Grad hatte ich das Empfinden, daß sich mein Herz immer mehr öffnet und ich am liebsten manchmal die ganze Welt umarmen möchte.

Wenn ich Reiki gebe, spüre ich ganz stark die Verbindung mit dem Kosmos, mit all unseren unsichtbaren Helfern, mit Gott, wie immer man es nennen will. In meinen Händen kribbelt es meistens ganz stark, so als ob Strom durchlaufen würde. Das ist auch so, wenn ich Fern-Reiki gebe. Manchmal sehe ich auch, wie sich ein stillstehendes Energierad wieder zu drehen beginnt. Alle Leute, denen ich bis jetzt Reiki geben durfte, waren bis jetzt mit meinen Händen glücklich und fanden zum Teil Schmerzfreiheit, Erleichterung oder nur Ruhe und Frieden. Eine Dame sagte mir einmal: »Jetzt könnte ich Bäume ausreißen!«

Ganz stark habe ich Reiki auf mein jetziges »Lebensprojekt« geschickt – und es wurde Wirklichkeit und erweitert sich immer mehr, es ist schon fest verwurzelt. In dem großen Gemüse- und Kräutergarten, den ich schon das ganze Jahr betreue, wuchs und gedieh wirklich alles ganz toll, und ich war manchmal selbst erstaunt, was da alles wurde. Ich schaffte es durch die Energie, die durch meine Hände fließt. Eine Dame sagte einmal zu mir: »Sie haben gesegnete Hände.« Oft hatte und habe ich das Gefühl, daß da jetzt auf einmal das »Herzenshäferl« wieder überläuft und all die Liebe auf Pflanzen und Menschen fließt. Und dieses Gefühl wird immer stärker!

Carla E., Fotografin i. R.

Aufgrund des Gedankenaustausches in den Kursen oder an den offenen Abenden meine ich, daß sich meine Erfahrungen nicht sonderlich von denen der anderen unterscheiden – sie sind durchwegs positiv. Sei es, daß die behandelten Personen eine tiefe Entspannung erfahren, unendlich wohltuend, oft losgelöst von Zeit und Raum, und sich wie mit neuer Kraft aufgetankt und erfrischt fühlen; sei es, daß emotionale Spannungen in Bewegung kommen, die dann auch mal in einem erleichternden Weinen Auflösung finden; oder sei es, daß ganz konkrete Schmerzen verschwinden (z. B. fängt während einer Reiki-Behandlung ein peinigender Nackenschmerz zu wandern an, den Rücken hinunter, bis er sich im Wurzel-Chakra auflöst und der Klient anschließend große Erleichterung empfindet).

Auch bei meinen zwei kleinen Kindern gibt es täglich Situationen, die Reiki-Kraft fließen zu lassen. Ob nun Bauchschmerzen zu lindern sind, bei seelischem Kummer Trost zu spenden ist, bei Einschlafschwierigkeiten nachzuhelfen ist oder bei den Hausaufgaben Lob und Ausdauer zuzusprechen sind – die Möglichkeiten und der Bedarf sind unendlich.

Ein Tag ohne Reiki ist nicht mehr vorstellbar. Reiki ist Frieden; Reiki zu geben, bedeutet für mich tiefen inneren Frieden, Ruhe und Ausgeglichenheit zu spüren – sofort, ab der ersten Sekunde des Gebens; egal aus welcher Situation heraus – und dieses positive Gefühl, diese positive Energie weitergeben zu dürfen ist ein immer wieder schönes Erlebnis.

Silke S., Hausfrau und Mutter von zwei Kindern

Als erstes möchte ich sagen, daß es schade ist, daß ich Reiki nicht schon vor zehn Jahren kennengelernt habe. Denn ich hätte mir sehr viel Leid, unnötigen Kummer und die vielen Ängste erspart. Es haben sich in mir sehr viele Gefühlsblockaden, die man so aus der Kindheit noch herumschleppt, total gelöst. Ich freue mich auf jeden neuen Tag, denn ich lebe ihn ohne Angst, mit positiver Lebenseinstellung, viel bewußter als vorher, und mache mir überhaupt keine Sorgen um morgen. Das alles mit vollem Genuß. Ich sehe die Menschen viel klarer und bewußter als vorher. Ich kann auch sehen oder spüren, was sie sagen und was sie wirklich wollen. Ich habe ein Damenmodengeschäft, da kommt mir mein bewußter Zustand sehr zugute. Ich kann jetzt viel schneller erkennen, ob eine Kundin an meiner Ware wirklich interessiert ist oder sich nur bei mir abreagieren will.

Seit Reiki geht mein Geschäft viel besser, es fließt alles, das Geld kommt auch, und ich bin am Abend überhaupt nicht erschöpft, auch wenn ich sehr viel zu tun gehabt habe. Ich kriege immer wieder Energie. Ich fühle mich total ausgeglichen und glücklich. Mich kann auch nichts mehr so leicht kränken. Den Kunden bin ich viel angenehmer geworden, einige wissen auch über meine Interessen von Reiki Bescheid. Sie sagen auch zu mir, daß ich meine Hände auf schmerzende Stellen legen soll, weil es nachher immer besser ist. Meine Kundinnen geben mir auch oft die Hand und einen Kuß auf die Wange beim Gehen, weil sie sich jetzt wohl fühlen und wissen, daß ich sie gut beraten habe und daß ich es ehrlich meine.

So könnte ich noch einige Beispiele erzählen, nach Reiki. Es gilt für alles. Für Beziehungen, Kinder, Eltern und so weiter. Ich kann ganz einfach loslassen, weil ich erkenne, daß ich nichts haben muß, sondern ich kriege alles sehr leicht, weil einfach alles in mir fließt durch Reiki. Ich habe mich nach vier Wochen gleich für den II. Grad angemeldet, weil ich gar nicht mehr warten konnte. Es hat sich so viel zum Positiven verändert. Ich weiß jetzt auch mehr, was ich will, und nicht, was die anderen wollen, daß ich will. Ulrike, ich bin froh, daß es Dich gibt!

Regina H., Boutique-Besitzerin

Am letzten Abend des Seminars vom Silvesterfeuerlauf bekam Rudi so starke Kopfschmerzen, wie er sie in seinem ganzen Leben noch nicht hatte. Er fand in der Reisetasche keine Medikamente und entschloß sich, mich aufzuwecken. Er wollte, der Schmerzen wegen, den Feuerlauf aufgeben und heimfahren. Rudi bat mich, ihm Hilfe durch Reiki zu geben. Ich beruhigte ihn und sagte, er solle sich wieder in sein Bett legen, was auch ich tat. Ich sprach meine Formeln, die ich bei Reiki II erlernt hatte. Nach kurzer Zeit spürte ich im »symbolischen« Kopfbereich ganz starkes Kribbeln in den Händen und starke Erwärmung, ja fast heiße Hände. Nach zirka zehn Minuten der Reiki-Energiesendung begannen sich die Schmerzen zu lindern. Nach weiteren zwanzig Minuten wurden die Kopfschmerzen so erleichtert, daß Rudi einschlafen konnte. Am Morgen beim Aufstehen war alles vorbei – wie weggeblasen, und wir waren für diese Erfahrung sehr dankbar. Wir konnten den Feuerlauf miterleben und unser Seminar beenden. Für mich war dieses Erlebnis die ganz große Erfahrung nach der II.-Grad-Einweihung. Rudi wurde dadurch so überzeugt von dieser einmaligen Energie, daß auch er inzwischen in Reiki I und II eingeweiht wurde. Wir danken beide der Ulrike, daß sie uns Reiki so liebevoll näherbrachte.

Irmi R., Geschäftsfrau

Durch meine Herzkrankheit war ich sehr verunsichert und angespannt. Für überraschende Angina-pectoris-Anfälle sollte ich immer ein Nitrospray und entsprechende Tabletten bei mir haben. Wie es so ist, liegen die Medikamente meist zu Hause im Regal, dies wurde mir mehrmals zum Verhängnis. Bei einem Ausflug in die Berge, einer Fahrt nach Salzburg und bei Arbeiten in einer Tiefgarage, bekam ich überraschend Angina-pectoris-Anfälle, hatte jedoch keine Medikamente bei mir. Mein letzter Ausweg war die Anwendung von Reiki. Langsam wurde ich ruhiger, und die Verkrampfung löste sich. Anschließend hatte ich ein sehr starkes Gefühl der Dankbarkeit und der Erleichterung verspürt. Besonders in der Herzgegend fühlte ich die befreiende Energie pulsieren. Durch die tägliche Anwendung von Reiki fühle ich mich insgesamt stärker und gesünder. (Blutwerte und Blutdruck haben sich normalisiert). Meiner Frau gab ich bei starken Menstruationsbeschwerden Reiki. Durch die konzentrierte Anwendung verspürte sie nach zirka zehn Minuten eine enorme Erleichterung, bis die Beschwerden ganz verschwanden.

Seit sechs Jahren hatte ich mit meinem Sohn jeglichen Kontakt abgebrochen, da er mir sehr weh getan hatte. An eine Versöhnung war meinerseits nicht zu denken. Durch die Teilnahme meiner Frau an Reiki II geschah ein kleines Wunder. Sie setzte das Gelernte in die Tat um, und so kam ein Kontakt mit meinem Sohn wieder zustande. Nach einigen Wochen feierten wir zusammen meinen Geburtstag. Die Beziehung hat sich normalisiert, und ich hoffe, daß sie sich harmonisch weiterentwickelt. Den Balken in meinem Auge habe ich weggeräumt, ich bin darüber sehr glücklich.

Reiki leistet auf meinem Selbstfindungsweg und meiner Persönlichkeitsentwicklung einen sehr großen Beitrag, fördert meine gedankliche Auseinandersetzung und meinen spirituellen Entwicklungsprozeß. Es wurde unterdrückte Energie bewußt und somit eine Entspannung herbeigeführt. Ich wünsche mir sehr viel Liebe, Erkenntnis und Wahrheit auf meinem Weg.

Das Schicksal hat es gut mit uns gemeint und hat uns an die richtige Adresse geführt. Wir haben bei Reiki I und II von unserer Lehrerin sehr viel Unterstützung bekommen. Ein großes Danke an unsere Lehrerin Ulrike M. Klemm. Durch die Einweihungen und Anwendung von Reiki fühlen wir uns wohl, unbeschwert und ausgeglichen wie nie zuvor. Unser Leben hat sich zum Positiven gewandelt, unsere Liebe wächst, und wir können uns jederzeit selbst helfen. Ist das nicht wunderbar?!

Helmut Z., Angestellter

Das erste Mal kam ich im Dezember 1993 mit Reiki in Berührung. Kurz darauf machte ich den I. und II. Reiki-Grad hintereinander. Seit dieser Zeit begleitet mich Reiki und hat mir zu einer besseren Lebensqualität und mehr Offenheit verholfen.

Besonders voriges Jahr, als meine Mutter schwer krank wurde und bald darauf starb, war mir Reiki eine große Stütze. Meine Mutter hatte Lungenkrebs und dadurch öfter Anfälle von großer Atemnot. Sie ließ in diesen Panikanfällen niemanden in ihre Nähe. Wenn ich ihr dann Reiki gab, ich legte die Hände auf ihren Rücken, trug das sehr zu ihrer Beruhigung bei. Sie verlangte oft selbst danach und sagte, daß es ihr sehr gut tut.

In den letzten Monaten bevor sie starb, gab ich ihr regelmäßig Reiki, und es brachte uns einander näher. In der Zeit nach ihrem Tod half mir Reiki, besser damit fertig zu werden, und es gibt mir heute großes Vertrauen in das Leben überhaupt.

Ich habe auch gute Erfahrungen beim Abnehmen mit Reiki gemacht. Als ich vor zwei Jahren 14 Kilo abnahm, habe ich unter anderem mit Visualisierung gearbeitet und dann alles mit Reiki II beschickt. Innerhalb von vier Monaten habe ich dadurch 14 Kilo abgenommen.

Gabi L., Sekretärin

Für mich bedeutet Reiki ein Einhüllen in die göttliche Ordnung, Liebe, Fürsorge, Geborgenheit. Ich stelle mir das folgendermaßen vor: Der Reiki-Empfangende wird in eine Art hellen, weiß-goldenen, durchscheinenden, watteähnlichen Schleier eingehüllt. Um bei meiner Idee von der Sterbebegleitung zu verweilen – wenn ich an die Position mit beiden Händen am Hinterkopf denke – könnte ich mir denken, daß dem Kranken ein Vorgeschmack auf das gegeben werden kann, was er bald vor sich haben darf.

Eva Maria R., Bestatterin

Unsere Kinder zu Hause waren nach dem Reiki-Seminar voll begeistert. Da hieß es dann nur noch : »Mama, machst du das heute wieder mit mir – das Reiki?«

Mit den Kindern in der Schule war es dann besonders lustig. So ganz bewußt den Kindern die Hand auf die Schultern bzw. auf den Kopf zu legen, war für mich auch ein besonderes Erlebnis – aber so richtig ging's dann in den Turnstunden los. So viele Verletzungen und Wehwehchen gab's bei uns noch nie! »Frau Lehrerin, mir tut der Fuß weh!« Die Kinder holen sich diese besondere Streicheleinheit, und dann ist rasch alles wieder gut!

Es ist für mich wirklich faszinierend, wie oft die Kinder kommen und Körperkontakt suchen.

Romana K., Lehrerin

Zum Reiki-Seminar möchte ich erzählen, daß ich bei der Einweihung das Gefühl hatte, als ob Ulrike mir das Kronen-Chakra »aufgeschraubt« hätte. Ich verspürte plötzlich soviel Energie, daß mein ganzer Körper durchgeschüttelt wurde. Früher hätte ich in einer solchen Situation sicher Angst gehabt. Bei Reiki muß es sich aber um eine so kraftvolle und freudvolle Energie handeln, daß ich ein wirklich angenehmes Gefühl hatte.

Seit dem I.-Grad-Reiki-Seminar konnte ich als Kanal für die Reiki-Energie schon in der Familie, im Freundeskreis und sogar Tieren helfen.

Rita P., Hausfrau

Für mich war es eine sehr große Bereicherung – einerseits etwas für mich zu tun, andererseits etwas für den anderen zu tun, und ich werde dabei nicht ausgelaugt, sondern es geht mir sehr gut. Was ich als Besonderes erfahren durfte, daß mein »Vorher-Planen«, dem Satz »Dein Wille geschehe« gewichen ist. Mein Vertrauen, daß es wirklich das Beste ist, was »Er« tut, ist sehr tief geworden. Manchmal ist es immer noch schwer, eine Niederlage einstecken zu müssen, aber ich bin mir heute sicher, so ist es richtig und nichts soll anders sein – auch wenn es manchmal schwer ist.

Angelika O., Montessori-Lehrerin

Vor annähernd vier Jahren wurde ich zum ersten Mal mit Reiki, dieser »fernöstlich anmutenden Heilweise«, konfrontiert. Kurz darauf nahm ich mit viel Enthusiasmus und Hingabe an einem Wochenendseminar teil, um künftig sowohl mich als auch andere behandeln zu können.

Bald folgten unzählige »Reiki-Stunden«, durch die auf wundersame Weise viele Menschen »Heilsames« empfingen und ihr Wohlbefinden wiedererlangten.

Ergriffen von diesen Erlebnissen und meinem eigenen tiefen Seelenfrieden, den ich durch Reiki gefunden hatte, beschloß ich, mich noch eingehender dieser unserer Schöpferkraft zu widmen.

So reifte in mir der Wunsch, all die heilsamen Erfahrungen, die ich auf meinem Wege als prägend und segensspendend empfand, unter die Menschen zu bringen – ich begann meine Ausbildung als Reiki-Lehrerin. Auch hatte ich zwischenzeitlich meiner »bodenständigen« Berufswelt den Rücken gekehrt und konnte mich nun meiner Berufung als Heilpraktikerin widmen.

Mittlerweile ist Reiki ein Hauptbestandteil meines Lebens geworden, den ich nicht missen möchte. Diese großartige Heilweise ist und bleibt für mich ein Wunder, das wir Reiki-Praktizierende immer in Händen tragen dürfen.

Getraud G., Heilpraktikerin

Gleich nach meiner Einweihung in den I. Reiki-Grad wurde ich zu einem alten Mann gerufen, der schon seit Monaten im Koma lag. Da er mit einer Sonde künstlich ernährt wurde, litt er schon einige Zeit unter Dauerschluckauf. Bereits nach wenigen Minuten Reiki-Anwendung ließen die Beschwerden nach. Nach einer halben Stunde war der Schluckauf vollkommen verschwunden.

Was mich in Zusammenhang mit Reiki ganz besonders verblüfft hat, war Deine Unterstützung meiner Heilpraktikerprüfung durch die Reiki-Energie. Erst lief die Prüfung vollkommen problemlos ab, was Du zu Hause gefühlsmäßig gut nachvollziehen konntest. Plötzlich kam von einer Prüferin eine Frage aus einem Sachgebiet, das ich bewußt bei meiner Vorbereitung ausgelassen hatte. Dies hast Du auch aus der Entfernung erspüren können. Daraufhin schicktest Du mir ganz massiv Reiki. Dies veranlaßte mich, aus der unangenehmen und peinlichen Situation auszubrechen, indem ich der Prüferin meine Wissenslücke offen eingestand. Ich versicherte ihr, wenn ich dieses Gebiet in meine HP-Praxis aufnehmen wollte, ich mich darauf auch intensiv vorbereitet hätte. Diese Ehrlichkeit wurde mir als Kompetenz angerechnet, und die Prüfung nahm einen guten Lauf.

Die Einstimmung zum II. Reiki-Grad durch Dich, liebe Ulrike, ist mir heute noch in bleibender Erinnerung. Ich erlebte die Energie des II. Grades als etwas Gewaltiges, was mich erst sogar erschreckte. Es war wie ein riesiges Gewitter, was am Horizont aufzog. Nach der Einstimmung war mir klar, daß ich hier einen wichtigen Teil meiner Persönlichkeit und Power »wieder«erlangt hatte. Danach fühlte ich mich viel erwachsener und männlicher. Diese Energie ist gewaltig ..., und ich bin es auch. Danke Dir für dieses Geschenk und Erlebnis.

H. Reimar Klemm, Ehemann der Autorin,
Persönlichkeitstrainer

Literaturhinweise – Empfehlungen

Baginski, Bodo J./Sharamon, Shalila: *Das Chakra Handbuch*
Aitrang: Windpferd Verlag 1989

Brown, Fran: *Frau Takatas Leben*
Essen: Synthesis Verlag 1992

Dahlke, Rüdiger: *Krankheit als Sprache der Seele*
München: Bertelsmann 1992

Davis, Bruce: *Liebe heilt*
Planegg: Ch. Falk Verlag 1985

Gawain, Shakti: *Stell Dir vor*
Basel: SPHINX Verlag 1984

Griebl, Günter: *Die Schwingen der Freiheit*
Reinbek: Rowohlt 1991

Hay, Louise L.: *Gesundheit für Körper und Seele*
München: Heyne Verlag 1994

Hill, Napoleon: *Denke nach und werde reich*
München: Ariston 1994

Horan, Dr. Paula: *Die Reiki-Kraft*
Aitrang: Windpferd Verlag 1989

Jampolsky, Gerald G.: *Die Kunst zu vergeben*
München: Kösel Verlag 1987

Jampolsky, Gerald G.: *Wenn Deine Botschaft Liebe ist*
München: Kösel Verlag 1983

Jampolsky, Gerald G.: *Lieben heißt die Angst verlieren*
München: Kösel Verlag 1983

Ray, Dr. Barbara: *Der Reiki-Faktor*
München: Heyne Verlag 1992

Robbins, Anthony: *Das Robbins Power Prinzip*
München: Heyne Verlag 1991

Smothermon, Ron: *Drehbuch zur Meisterschaft im Leben*
Bielefeld: Context Verlag o. J.

Tweedie, Irina: *Der Weg durch das Feuer*
Interlaken: Ansata Verlag 1988

Weil, Andrew: *Spontanheilungen*
München: Bertelsmann 1995

Wilber, Ken: *Mut und Gnade*
München: Scherz Verlag 1992

Wilde, Stuart: *Die Kraft ohne Grenze*
München: Undine 1992

Yogananda, Paramahansa: *Autobiographie eines Yogi*
München: Otto Wilhelm Barth Verlag 1979

Ziegler, Brigitte: *Erfahrungen mit der Reiki-Kraft*
Aitrang: Windpferd 1992

Ziegler, Brigitte: *Magische Momente*
Aitrang: Windpferd 1996

Musik-CDs für Reiki-Anwendungen

Emese und Paul: *OM NAMAH SHIVAYA*	IMP Musikverlag
Anugama: *Healing*	Spiritual Environment
Shamanic Dream	Spiritual Environment
TAI CHI	Oliver Shanti and Friends
Sky Dreams	Manuelli/Goldmann
Divine Harmony	Aquamarin Verlag

Füllt eure Herzen und Sinne
mit Frieden,
Liebe,
Stille,
Ruhe.
Tut das als letztes in der Nacht,
bevor ihr schlafen geht,
und dann wieder als erstes am
Morgen beim Erwachen.
Wenn ihr lernt, das zu tun,
werdet ihr diesen wunderbaren
Bewußtseinszustand hineintragen
in euren Alltag.
Alles, was richtig und gut getan
werden muß, bedarf der Übung.
Seid willig zu lernen und übt weiter,
wie ein Leben des Friedens und der Stille
zu führen ist
bis ihr es beherrscht,
und es ein Teil von euch ist.
Fangt jetzt damit an.
(Eileen Caddy)

Register